Protectionism

当 代 世 界 学 术 名 著

贸易保护主义

贾格迪什·巴格沃蒂（Jagdish Bhagwati）／著

王世华　常　蕊　郑葵方／译

中国人民大学出版社
·北京·

前　言

　　本书是在 1987 年 10 月我在斯德哥尔摩经济学院所做的"俄林系列讲座"的基础上写成的。无须赘言，当时的讲座并未介绍本书中的所有内容，即使我来自"流利使用英语的国家"（fluent society）——印度，而斯达芬·伯伦斯坦·林德（Staffan Burenstam Linder）教授在向听众介绍我时，称我为"东方最快的舌头"（fastest tongue in the East）。

　　在写作和修改讲稿的过程中，国际经济学界众多朋友们的批评和想法使我受益良多。尽管漏掉某些人的名字会有所冒犯，如果我不感谢下列人士，必会

十分怠慢。他们是：David Baldwin，Robert Baldwin，Magnus
Blomström，Richard Brecher，Barry Eichengreen，Michael Finger，
Elhanan Helpman，Gene Grossman，Brian Hindley，Isaiah Frank，
Charles Kindleberger，Anne Krueger，Sam Laird，Robert Law-
rence，Assar Lindbeck，Mats Lundahl，Alasdair MacBean，Steve
Marks，Patrick Messerlin，Helen Milner，Douglas Nelson，Sarath
Rajapatirana，John Ruggie，Richard Snape，T. N. Srinivasan，
Aaron Tornell 和 Tom Willett。Brian Wesol 的研究助理工作给我
很大的帮助。

　　我还要很高兴地提到我在哥伦比亚大学的学生 Douglas Irwin。
他为了帮助我而从事单调乏味的研究工作，并对这项工作提供了超
过同龄人的智能与投入。我对他表示深深的谢意。

导　言

　　我第一次遇到伯蒂尔·俄林（Ber-til Ohlin）先生是在 1958 年瑞士的布里萨戈（Brissago），在英国经济学家罗伊·哈罗德（Roy Harrod）组织的一场国际会议上。他十分英俊，气质高雅，看起来就像是一个从远古辉煌的瑞典历史中走出的令人敬畏的人物，而那段历史也同样出了克努特·维克塞尔（Knut Wicksell）、伊·菲·赫克歇尔（Eli F. Heckscher）这样的大师。即使在这群精英之中，俄林仍是非常卓尔不群。他是能够在科学和实务领域都取得杰出成就的为数不多的人之一，从一名出色的经济学家成功地转型为一名杰出的政治活动家。他担任瑞典自由党的领导二十多年，并于 1944 年至 1945 年间担任瑞典贸易部部长。到 1933 年他就已完成了著名的《区际与国际贸易》（*Inter-regional and International Trade*），后来凭借此书获得了诺贝尔经济学奖。

然而，如果有人担心卓越会产生距离，使得俄林不可接近，那么他肯定会大吃一惊。俄林非常和蔼可亲。同样，如果有人认为，自 1938 年入选瑞典议员而离开学术界后，俄林的智力会变得迟钝，勇于探索的好奇心会停滞不前，那么他的想法显然是大错特错了。俄林在与戈特弗里德·哈伯勒（Gottfried Haberler）和哈里·约翰逊（Harry Johnson）这样的博识之士进行经济问题辩论中流露出的从容不迫令我震惊。若干年后，俄林的侄子、杰出的经济学家耶兰·俄林（Göran Ohlin）告诉我，当电视媒体聚焦到瑞典的舞台上时，人们普遍认为俄林肯定会因其颇具魅力的外表而在政治上受益，但是他的睿智的观点却总是在妨碍他。追求事物的本质，在俄林的生命中占有核心地位，却不受追求新奇的媒体的欢迎。

没有什么别的方式，比提出一个包含着俄林先生的兴趣和智慧的当代论题，更适于用来纪念他了。贸易保护主义就是这样一个论题。

第二次世界大战后发达国家经历了 25 年成功的贸易自由化，其间在关贸总协定的支持下一轮又一轮的谈判将关税降至历史新低。在这之后，贸易保护主义的威胁又重新抬头。当今的议会、国会、磋商论坛和经济峰会痛苦地见证了为阻止保护主义情绪和立法而作的种种努力。但是当我们走进 21 世纪，有必要超越这些战斗的日常喧嚣，检视一下世界贸易安排赖以形成的潜在趋势。

利益与意识形态相互作用，形成了这些潜在的趋势。我要论证的主题是：能按照利益和意识形态辨别相关的思想倾向，它们并非有利于贸易保护主义。与目前的困难揭示的情况相反，日益增长的全球化和世界经济的相互依赖促使新的较大的利益和势力产生。这使我们有理由保持谨慎的乐观态度。同时，随着政治经济学理论的新发展，贸易政策理论领域也出现了新的思想，进一步壮大了反对贸易保护主义的意识形态的力量。

　　然而，为了肩负起历史的责任，促进历史的进步，我们必须改革和加强国家乃至国际的制度框架，以利用这些支持自由贸易的利益方更有效地牵制贸易保护主义的力量。贸易制度很容易受到贸易保护主义的影响，但它也为我们提供了与之斗争的机会。为抓住这样的机会，必须进行果断大胆、富有想象力、同时可能比较艰难的制度改革。

目　录

第1章 战后的贸易自由化

　　各种利益、意识形态和不同的制度结构在历史上相互影响，相互作用，最终形成了贸易政策。回顾第二次世界大战后工业化国家贸易自由化以及20世纪70年代以来贸易保护主义复苏的历史，不但有利于更深入地理解这一点，而且有利于分析贸易政策的未来走向。

　　1944年召开的布雷顿森林会议设计了一个包含自由主义国际经济秩序原则的制度框架。遵循国际货币基金组织（International Monetary Fund，IMF）的规则可以实现宏观经济平衡。否则，维持自由贸易制度在经济上将不再那么令人信服，在政治上也会更加困难。关贸总协定（GATT）提供的规则反映了多边主义和无歧视政策。这些规则使合同各方可以按照比较优势理论的原理从贸易中获益。① 该制度的"三驾马车"还包括世界银行（World Bank）。设立世界银行是为了将资源引向发展中国家，以巩固自由主义的基础（否则这一基础在市场上将影响深远，却不能获得较多的情感支持）。

第二次世界大战后以世界超级强国姿态出现的美国被认为是这个功利主义的世界经济制度框架的始作俑者，但是这也不全是美国人的想法。约翰·梅纳德·凯恩斯（John Maynard Keynes）也起了很关键的作用。② 下面这首打油诗就表达了英国人对此事的态度——一种都市精英面对前殖民地新贵的典型的傲慢：

在华盛顿，男爵哈利法克斯

向凯恩斯阁下耳语道：

不错，他们有鼓鼓囊囊的钱袋子，

但我们有充满智慧的脑瓜子。

但显而易见美国发挥了主导作用，如果说其主导作用在制度设计之中尚未得到充分体现，那么在对此制度框架的宣传和维系上则体现得淋漓尽致。作为世界经济与政治的头号大国，美国为这一新的国际经济体制提供了意识形态以及政治和物质方面的支持。"美国式和平"取代了19世纪的"英国式和平"。

为何美国在当时大力推崇自由贸易秩序？这是一个有趣的问

---

① 布雷顿森林会议最初计划建立的是国际贸易组织，而非关贸总协定。然而，这一最初的计划从未得到实施。

② 凯恩斯也提出了一个"商品稳定"计划，并建议建立一种叫作"COMMOD"的制度。关于这一计划的备忘录在《国际经济学期刊》（*Journal of International Economics*，1974）上发表了。尽管发展中国家在联合国贸易和发展会议上以及其他场合为促进商品稳定计划作出的努力体现了对商品价格波动的关注，但这一制度最终并没有实现。在那一时期，凯恩斯以及其他人都没有意识到需要设立相应的制度安排来监管劳动力的跨国流动，并将其纳入整个国际制度框架。

题。这个问题与利益和意识形态如何影响贸易保护主义在目前和将来世界经济中的发展这一中心议题直接相关。但是在讨论这一问题之前，让我们先回顾一下自由贸易秩序的非凡成果。

一、贸易自由化及其成果

关贸总协定并没有一举清除贸易限制，而是实行了一系列的关税减让，通过七个回合（1986 年 9 月启动，本书写作时仍在进行中的乌拉圭回合没有计算在内）的谈判展开。从 1947 年的日内瓦回合到东京回合的 33 年间，美国关税平均下降了近 92％（参见图 1—1）。到 20 世纪 80 年代初，美国、欧共体和日本的关税水平已分

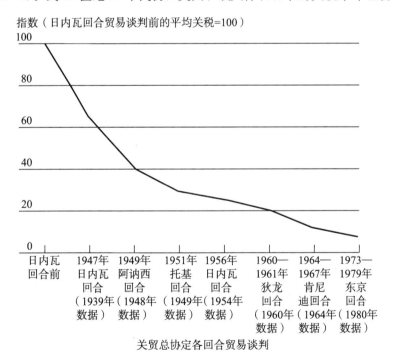

指数（日内瓦回合贸易谈判前的平均关税=100）

关贸总协定各回合贸易谈判

图 1—1　经历关贸总协定各回合贸易谈判后美国平均关税率下降

注：图中的关税减让指数根据芬格（Finger，1979，表 1，425 页）和世界银行（1987，表 8—1，136 页）给出的加权平均关税率降低的百分比计算得到。在东京回合以后，美国的加权平均关税率为 4.6％（世界银行，1987）。

别降至 4.9％、6.0％和 5.4％。①

　　石油输出国组织 1973 年成功地实行了石油禁运，随之而来的
是 20 世纪 70 年代世界经济陷入困境，在这段时期关税减让显然仍
在持续进行。然而，20 世纪 70 年代和 80 年代非关税贸易壁垒的
增长抵消了关税减让所带来的贸易自由化成果。因此，伴随贸易自
由化所产生的贸易和收入的空前增长仅仅在 20 世纪 70 年代早期之
前是显而易见的。

　　1953—1963 年，世界收入以年均 4.3％的速度增长，而世界贸
易的年均增长率为 6.1％。1963—1973 年，世界收入和世界贸易的增
长更加引人注目：增长速度分别达到 5.1％和 8.9％（参见图 1—2）。

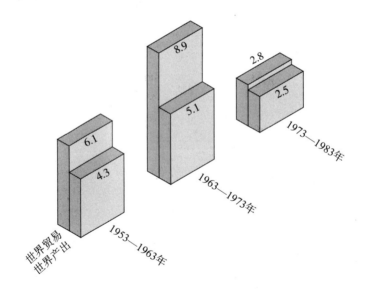

**图 1—2　1953—1963 年、1963—1973 年和 1973—1983 年世界贸易和
世界收入的年均增长率（％）**

资料来源：Hufbauer and Schott, 1985, table A—1, page 97.

---

　　①　这些是东京回合（1974—1979 年）所达成的关税减让全部实施后的估计平均关
税率。参见 1987 年《世界发展报告》（*World Development Report*）中的图 8—1。

如此优异的成绩主要是由工业化国家创造的（参见图1—3），其在世界出口中的份额在1960年为71.0%。[1]

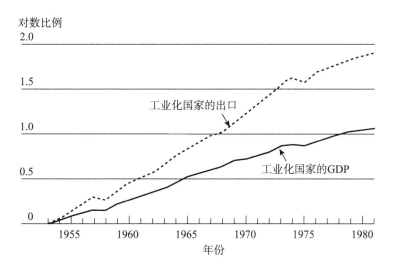

图1—3 基于国际货币基金组织发布的指数，1953—1981年工业化
　　　　国家的出口和GDP的增长

是贸易自由化引起贸易扩张，进而创造了20世纪五六十年代的世界经济繁荣吗？贸易的增长比收入的增长要快得多（参见图1—2和图1—3）这一事实自然会引人深思。额外的增长可以由贸易壁垒的稳步减少很好地解释；实际上，若非如此，反倒令人惊讶了。但是贸易和收入增长之间的联系要比这复杂得多。到底是收入的迅速增长导致了贸易的急速扩张，还是反过来呢？正如大多数经济现象一样，我认为实际上二者之间恐怕存在一种双向的联系。

1. 从收入增长到贸易扩张

收入的增长通常会导致贸易的相应扩张，除非增长引致的供给

---

[1] 根据国际金融统计（International Financial Statistics）（国际货币基金组织，1985，108－109页）中的原始数据计算，到1980年，工业化国家在世界出口中所占的份额为66.1%。

和相应的需求模式会产生反对自由贸易的倾向（anti-trade bias）。[①]
实际上，由于贸易扩张主要存在于工业化国家之间，反而产生了以
"支持自由贸易的倾向"（pro-trade bias）为特征的效果。正如斯达
芬·伯伦斯坦·林德于1961年在他的开创性著作中所述，相似产
品［例如，小汽车和大汽车的产业内贸易（intra-industry trade）］
是工业化国家之间贸易的一个重要特征。仅此一点足以造成贸易与
国民生产总值之比上升而非下降。因为随着收入的增长，在大的工
业品类别范围内，人们的消费需求日益多样化，而各贸易国仍专业
化生产具有差异性的相似产品。

同时，此类产业内贸易无疑减少了贸易自由化的政治成本，因
而加快了第二次世界大战后的关税减让进程。如果贸易壁垒减少时
必须使一些产业萎缩，那么可以预料将会产生对贸易自由化的抵
制。然而，假如结果是产业内的专业化程度提高，以致在放弃生产
某些产品的同时可以增加其他产品的生产，对贸易自由化的抵制将
会大大减少。

事实证明，第二次世界大战后工业化国家的贸易自由化和收入
增长确实促进了产业内而非产业间的专业化发展。在一项对欧共体
的重要研究中，贝拉·巴拉萨（Bela Balassa）（1975）分析了
1958—1963年和1958—1970年间欧共体内部贸易的扩张，证明欧
共体国家间工业制造品出口产品类型的相似性日益增加了。[②]

但是，如果说产业内贸易减少了关税减让的政治成本，从而使
关税减让畅行无阻，并使得贸易在国民收入中的份额持续上升，那
么收入的增长也能起到同样的作用。显而易见但仍有必要指出的
是，在其他条件相等的条件下，经济增长能够减少经济体通过产业

---

① 在20世纪50年代，有关增长和贸易的理论文献中开始出现"反对自由贸易的
倾向"这一术语。这些文献关注"美元荒"现象，并认为其原因在于相对较快的美国经
济增长和生产率变化。参见约翰逊（Johnson, 1955）。

② 详见巴拉萨（1975），108-110页。

收缩来应对贸易自由化的需要。丧失竞争力的产业只是增长速度减缓，没有出现绝对规模的下降以及由此带来的损失和失业，这往往是一个增长中的经济体乐于见到的。如果关税减让导致贸易扩张，贸易扩张导致收入增长，而收入增长又促进了进一步的关税减让，结果将形成一种良性循环，从而造就了 20 世纪五六十年代的经济繁荣。

2. 从贸易扩张到收入增长

看起来，似乎是自由化所引致的贸易扩张通过其效率作用（efficiency effects）［术语称之为"贸易利得"（gains from trade）］激发了第二次世界大战后的收入增长。现在，确实有可能在理论上构建出关于贸易自由化对经济增长的作用的悖论。当贸易自由化使得收入分配向储蓄率较低的群体倾斜时，如果国民储蓄率的决定因素不是财政政策而是由市场决定的收入分配，贸易自由化会提高当前收入但可能会减少收入增长率（这不仅反映了当前的生产率，而且反映了储蓄和投资增长率）。[1] 但是可以确定的是，就第二次世界大战后世界经济的总体情况而言，我们尚没有理由相信以上悖论。

也许有人会认为，贸易自由化所带来的只是一次性的收入增长，不是持续的增长。这种观点是不足为虑的。[2] 大幅度的贸易自由化能够使这种一次性的效应持续 20 年以上。此外，多轮贸易回合的谈判所带来的一次又一次的关税减让（回想一下图 1—1），也使这种对增长率的正向促进效应毫无困难地持续下去。

也许有人会说，经济增长率反映了许多因素的作用，而不仅仅

---

[1] 对于这一可能性的论述，可以参见巴格沃蒂（1968）。更为详细的分析，参见帕坦尼克（Pattanaik，1974）。关于贸易对经济增长率的影响更为全面的分析，参见科登（Corden，1971）。关于此问题，芬德雷（Findlay，1984）给出了一个优美而完整的分析模型。

[2] 在哈罗德-多马模型中，这一论点不成立。在该模型中如果储蓄率是给定的，生产要素生产率的提高将永久性地提高经济增长率。但是在柯布-道格拉斯模型中，生产率的一次性提高不能永久性地提高经济增长率。参见索罗（Solow，1956）。

是贸易自由化的作用。但这种观点又怎样呢？（以欧洲为例，出现了"赶超"或"恢复"的现象，也许可以促使经济增长恢复到第二次世界大战前的水平。）实际上，很少有经济现象能由单一因素加以解释。但是这并不能排除一种可能，那就是：不断瓦解的贸易壁垒是第二次世界大战后收入膨胀的主要推动力，实际上这种可能性非常大。因为其他因素也影响经济增长，就认为贸易自由化不影响经济增长，这是一个不合逻辑的推论。事实上，对特定国家的时间序列数据的一些经验分析都特别指出：在大体控制了其他影响因素后，贸易自由化与出口增长，从而与经济增长之间存在密切的联系。[1]

二、贸易自由化的例外

在贸易自由化的潮流中，也存在一些重要的例外。一些例外在贸易自由化伊始便已存在，另一些则是随着第二次世界大战后的发展逐渐出现的。

1. 农业

一开始农业就不受大多数关贸总协定条款[2]的约束，农业在大多数关贸总协定的规则中都得到了豁免。1955年美国被免除了在关贸总协定中农业上的义务（允许美国限制外国农产品进口——译

---

[1] 经济合作与发展组织、世界银行、美国国家经济研究局以及德国基尔发展经济学研究所于20世纪六七十年代进行的大量研究证明在半工业化的发展中国家确实存在这样的联系。巴格沃蒂（1985c，1986c）和巴拉萨（1986）对这些研究和其他相关研究以及对以上提到的这种联系进行解释的文献做了综述。然而，我赞同下述观点：跨行业的相关证明仍然缺乏说服力，因为一些因素对样本国家经济增长的影响具有差异性，很难在模型中合理地控制这些因素的影响。各国有着完全不同的储蓄率、外国投资、公共支出占总投资的比例等，通过对这些国家的分析做出一条回归线，不管得到的 R^2 的系数多么理想，也是没有意义的，并不能推断出在贸易自由化和经济增长率之间存在密切联系。

[2] 从一开始，对农业的豁免就被写进了关贸总协定第11条和第16条。

者注）。（考虑到美国在这一问题上态度的转变，这一历史事件在今天看来多少有点讽刺意味。）此后农业领域的贸易自由化更是寸步难行。几乎没有人支持将农业加入贸易自由化的议程。这是因为美国和欧洲主要发达国家通常服从强大的保护主义游说团的压力，它们已建立起复杂的农业收入支持机制。而与此同时，主要发展中国家正忙于保护本国制造业，对游说农业的贸易自由化也没有兴趣。① 大体上看，第二次世界大战后发达国家在逐步瓦解别国对工业制成品的保护的同时，对它们的农业实行坚决的保护。而发展中国家则通过采用限制贸易和货币兑换等一系列综合手段保护其制造业，这不经意间阻碍了农业的发展。发展中国家对"工业化"的政治偏爱与发达国家对"农业化"的政治偏爱相映成趣。（最终，美国意识到其在农产品贸易上的比较优势，竭力要求把农业提上乌拉圭回合谈判的议程。）

随着贸易自由化的演进，出现了一些例外。从事后来看，这些例外预示了 20 世纪 70 年代更加突出的贸易保护主义的出现。但是它们主要存在于农业以外的其他领域。目前对进一步贸易自由化的"制度性"威胁在于，发达国家由于行业困难不断采用非关税壁垒，而发展中国家为了实现国际收支平衡和保护国内产业的发展广泛而持续地运用对贸易和货币兑换的限制。这些问题变得日益显著。

2. 纺织品

在纺织品贸易安排方面的努力预示着非关税壁垒已被普遍采用。1961 年美国在国内产业的压力之下，试图使"短期棉纺织品贸易安排"得以通过协商。该安排在第二年发展成为"关于纺织品国际贸易的长期安排"。它实质上包含了一系列双边安排，并规定

---

① 我怀疑即使主要发展中国家迫切希望实现农产品贸易自由化，第二次世界大战后早期的情况也不会有多大的改变。因为它们在整个世界贸易舞台上只扮演着较小的角色，而且它们的政治姿态较低，影响力较小。

贸易保护主义

按照产地来设置进口配额。这使自愿出口限制（相互协定并分配给特定出口国的双边配额）得到了认可。由于这样的安排本质上是歧视不同供应地的产品的，而关贸总协定强烈支持和维护非歧视的最惠国待遇原则，想在关贸总协定的领导下对这一安排进行协商，无异于让罗马教皇去主持一场异教的祭典。

关贸总协定在处理一体化问题时，也在最惠国原则上做了妥协。关贸总协定第 24 条承认了建立关税同盟和自由贸易区的合法性，并且允许其成员国加入这些安排，与区域一体化组织内部的国家相互减免关税，但这些关税减免不必惠及关贸总协定的其他成员国。这就取消了其他成员国的最惠国权益。在实践中，对第 24 条的援引甚至比起初设想的更为广泛。这反映了与强大的关贸总协定成员国的政治目标的调和。当欧共体成立时，美国对欧洲一体化的政治目标和意义极为认同，同意对第 24 条的解释应该更加宽松。[①]但是美国由于仍然相信最惠国待遇原则是有价值的，避免动用第 24 条的规定，在整个 20 世纪 70 年代美国更喜欢多边的最惠国原则基础上的贸易自由化。然而，到了 80 年代，美国支持最惠国待遇的态度和政策都发生了大幅的逆转，它利用第 24 条与以色列发起成立了一个松散的自由贸易区，同时也计划与加拿大实行一种相似的优惠安排。

3. 发展中国家

虽然这些疏漏（农业）和承诺（纺织品的长期安排和最惠国原则基础上的多边主义的其他例外）是由大国的政治压力带来的，但是发展中国家能够在实质上摆脱关贸总协定规定的允许其他国家进入其国内市场的对称性义务则是由于自身的弱小。

促使发展中国家采取广泛的保护措施和与之相联系的进口替代

---

① 参见杰克逊（Jackson，1969），589 页。

战略的经济原理和意识形态取向无疑是十分重要的。接下来我就讲一下这部分内容。但是发展中国家之所以能够让关贸总协定适应因此而形成的现状，采用"特殊和差别待遇"① 的原则，从而使发展中国家在海外市场进入程度不断提高的同时，却不必提高本国市场的开放度，这并不是因为它们进行磋商的政治力量很强大，而是因为它们在国际贸易中是微不足道的。最终这些国家的请求得到了满足。在保证这一体现自由秩序的组织不断壮大、成员国不断增加的情况下这只是对自由贸易体制边缘的一点磨损罢了。同时，这些国家在世界贸易中相对弱小的地位意味着：它们在贸易自由化中的非对称性待遇给其他国家带来的成本是很低的，足以使这种非对称性安排得以被忽略或者纵容。

这一非对称性的后果是，发展中国家作为第二次世界大战后不断增长的政治和经济力量，在整个这段时期普遍高度倾向于采取保护措施。② 这种保护水平看起来比当今一些发达国家在 20 世纪早期的保护水平还要高（参见表 1—1）。③ 当然，它们比发达国家当时的保护水平要高得多，即使在 20 世纪 70 年代和近期发达国家非关税壁垒增长的情况下也是如此。实际上，根据联合国贸易和发展会议的估算，1986 年发展中国家的贸易类目中受这些非关税壁垒所影响的比例在所有的进口类目上，包括农业生产资料、矿石和金属以及工业制成品，都大大高于发达国家（参见图 1—4）。④

① 特殊和差别待遇还延伸至另一问题，即发展中国家在进入发达国家市场时的优惠待遇问题。关贸总协定第四部分主要就是被用来承认这些优惠的制度安排的合法性。

② 关于主要发展中国家在 20 世纪六七十年代的高保护水平的较为重要的记载，可参见巴拉萨（1971）。

③ 由于运输费用较高，早期被发现的"自然"保护水平会更高。就此而言，这一结论需要一些限制条件。请注意，虽然第二次世界大战后时期进口配额在发展中国家已经十分重要，但表 1—1 只考虑了关税税率。

④ 如图 1—4 所示，据整体估计，发展中国家所有贸易类目中受非关税壁垒影响的比例是发达国家的三倍。基于国际复兴开发银行（即世界银行）和联合国贸易和发展会议（UNCTAD）所提供的资料，莱尔德（Laird）和芬格在 1986 年的研究中记录了这两种国家集团间贸易壁垒的非对称性。

虽然第二次世界大战后的贸易自由化有这样那样的缺陷，但仍是一个重要的成就。其发生的原因是什么呢？且看后面的论述。

表 1—1　　　　　　制造业的名义关税估计水平（%）

国家或地区	1902	1913	1925	
发达国家和欧洲国家				
俄罗斯	131			
西班牙	76	41	41	
美国	73	44	37	11.5（1962）
葡萄牙	71			
法国	34	20	21	
意大利	27	18	22	
德国	25	13	20	
瑞典	23	20	16	6.6（1962）
丹麦	18	14	10	
加拿大	17	26	23	
比利时	13	9	15	
挪威	12			
新西兰	9			
日本	9			16.1（1962）
瑞士	7	9	14	
澳大利亚	6	16	27	
荷兰	3	4	6	
欧洲经济共同体				11.0（1962）
发展中国家或地区				
阿根廷	28	28	29	141（1958）
巴西				99（1966）
墨西哥				22（1960）
英属印度	3	4	16	
巴基斯坦				93（1963/1964）
菲律宾				46（1961）
中国台湾				30（1966）

资料来源：Little et al. 1970，table 5—1.

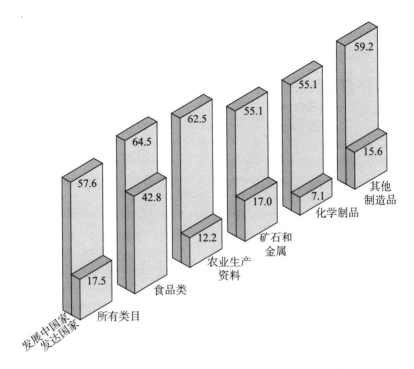

图 1—4　贸易类目中受非关税壁垒影响的百分比（％）

注：图中表示 1986 年 50 个发展中国家和 15 个主要发达国家所适用的贸易类目中受非关税壁垒影响的百分比（包括配额、禁止进口、限制性外汇分配、其他金融要求、物价控制措施、自动许可和技术要求）。（如果两项措施影响同一个贸易类目，只计算受影响的贸易类目的数量，而不管它们受到多少项措施的影响。贸易类目依据《海关合作理事会税则目录》中的商品分类目录进行分类。该百分数测量了在所有可能的贸易项目中受影响部分的比重。）

资料来源：UNCTAD 1987.

第 2 章　意识形态、利益和制度

　　政策能否得到切实的遵循和执行一般是由意识形态（以观念和实例的形式）、利益（政治利益和经济利益）和制度（因为它们形成约束和机会）等因素综合决定的。

　　凯恩斯曾经写过这样一段话："经济学家和政治哲学家的思想，正确也罢，错误也罢，其力量之大，常人往往认识不足。事实上可以说统治这个世界的舍如此之思想几无他也。实干家们，自信可在相当程度上免受任何学理之影

响者，往往已沦为某一个已故经济学家的思想奴隶"（1936，383
页）。从那以后，没有多少经济学家真正怀疑过思想对政策影响
的重要性。那些仍然持怀疑态度的人应该留意一下托马斯·卡莱
尔（Thomas Carlyle）（著名的苏格兰文学家——译者注）更有说
服力的语言。他在一次宴会上表现得极为健谈，这使一位同伴不
由得抱怨道："思想，卡莱尔先生，除了思想就再没别的了！"卡
莱尔反驳道："从前有个人叫卢梭（法国启蒙思想家、哲学家、
教育家和文学家——译者注），他写了一本书，里面除了思想什
么都没有。可到这本书的第二版出版时，它的思想已经深入到那
些当初对第一版嗤之以鼻的人的心里了"［麦金太尔（MacInty-
re），1985］。

　　但是，在思想活跃的舞台上，利益的存在是显而易见的。如果
选择某种意识形态只是为了使赢得的利益合法化，那么宣称利益单
独起支配作用可能就再普遍不过了。然而约翰·斯图亚特·穆勒
（John Stuart Mill）发现"除非某人的利益系于其上，否则一件好
事很少能够成功"。这说明这种支配作用确实存在。①

　　对于利益和意识形态之间的相互影响，再没有比在废除《谷物
法》时期表现得更为明显了。1846 年《谷物法》的废除开创了英
国 19 世纪实行自由贸易的先河。这一历史性的转变既不是利益单
独起作用的结果，也不完全是某种强势意识形态的产物。

　　理查德·科布登（Richard Cobden）对自由贸易能够为英国乃
至整个世界贸易带来的政治与经济价值深信不疑。这激发了他雄辩
的口才和深刻的洞察力。尽管如此，他的反谷物法同盟能够得到强
有力的支持却是源自"便宜的谷物进口对消费者和工业都有利可
图"这一事实，从而产生了足够的"局部利益"和压力集团来支持

---

　　①　金德尔伯格（1982—1983）在对保护主义和自由贸易的历史性交替进行深刻分
析时引用了这段话。

科布登的"社会利益"激励行动。但是最后罗伯特·皮尔(Robert Peel)首相聪明地将《谷物法》的废除转化为自由贸易的思想,放弃了他所在的保守党秉持的局部贸易保护的利益。实际上,在他的反对者迪斯雷利(Disraeli)指责他在政治经济的原则上背叛了党之后,皮尔发现自己的政治生涯已经到了万劫不复的地步。[①]皮尔是"被说服而不是被收买了",是"受到了洗礼而不是被贿赂了"。[②]

皮尔之所以扮演了如此重要的角色,是由英国政治的议会结构和那个时代较为杰出的政治家的本性所决定的。这些因素使这位在意识形态上已经有所转变的首相能够在其政党内部绕开那些特殊利益。

类似的,第二次世界大战后的贸易自由化可以被跨越思想和实例、利益以及制度的力量所解释。

一、实 例

第二次世界大战后的自由秩序和随后的贸易自由化的缔造者,并不仅仅限于信奉自由贸易优点的人,还包括那些从历史教训中有

---

① 莎拉·布拉德福(Sarah Bradford)在她的迪斯雷利传记中写到:"对(保守党的)皮尔来说,他对那天发生的两个重大事件——天主教解放和《谷物法》——的立场改变了两次;他被控有罪,背叛了他借此走上权力舞台的政党和原则。迪斯雷利正是抓住了政党原则这一点,而不是从经济上做文章,从而在党内成功地打击了皮尔。也正是两党议员中弥漫的这种相同的情绪,成为皮尔下台的主要原因"(1984,159页)。她引用了当时一句生动的评论:"(皮尔)关心很多事情,他看得非常清楚,然而在某些问题上,他被政治经济学的迷雾所笼罩。"

② 参见巴格沃蒂和欧文(Irwin,1987,130页)。皮尔的一些文章记录了他对自由贸易问题观点的转变。帕克(Parker,1899,220页)写道:"(皮尔)已经取消了对牛和猪肉的禁止性进口关税,降低了对糖和其他食品的关税……罗伯特·皮尔先生自己写道,'我原先的观点已发生了巨大的变化。'"据记载,皮尔还曾经说过:"我不会为了摆脱由理性进步和真理所带来的伤害而否认我在贸易保护问题上观点的变化"[卡修(Gash),1972,567页]。

科布登爸爸带着罗伯特少爷在自由贸易之路上散步

科布登爸爸："跟上，罗伯特少爷，走快点儿。"

罗伯特少爷："好的，不过，你知道，我不能像你走得那么快。"

这幅刊登在 1845 年《笨拙》(*Punch*)上的漫画描绘了科布登引领皮尔走向自由贸易的画面，突出表现了科布登的主张和皮尔后来的转变之间的关系。

所收获的人。历史使人们广泛意识到：竞相提高关税会造成一个惊人的败局。

大萧条经常和以邻为壑的政策联系在一起。采取这种政策的国家竞相使本币贬值并增加关税，以便阻止总需求的下降，并且以牺性贸易伙伴国产业利益为代价，使总需求转向本国产业。① 没有多少人认为这样的政策是大萧条的起因，毕竟看似可以充当罪魁祸首的因素不胜枚举。② 但可以肯定的是关税的增加使大萧条进一步恶化了。③

不管怎样，人们越来越意识到并且坚信：《斯穆特-霍利关税法》大肆增加关税是一场灾难。实际上，每个行业都有为其"量身定做"的关税。④ 结果其他国家也开始征收报复性关税，⑤ 使大萧条的程度进一步加深了。

正如约翰·肯尼思·加尔布雷思（John Kenneth Galbraith）在提及他的经济学家对手时巧妙地说，他的不幸在于他的理论在实践中得到了应用：在象牙塔中盛放的理论之花在真实世界中却落得枯萎的下场。对自由贸易的支持者而言，关税政策的严重失败及其表面上在大萧条中所起的负面作用，是一种真实的额外收获。它促使整个形势根据有利于自由贸易支持者的原则重新洗牌，并且为延

---

① 在下面我将要讨论 1930 年美国的《斯穆特-霍利关税法》（Smoot-Hawley Tariff）。该法案的特点是提出一些新的关税。这些关税的起因不能被传统贸易保护的理由所解释，而明显是为了转移对外国商品的需求。曼恩（Mann，1987）引用了艾萨克斯（Isaacs，1948）对该问题的研究，其中包括一个腰果（那时在美国没有生产）关税提高 1 000％的例子。而实际上，美国那时也有国际收支盈余，当债权国"以邻为壑"的政策被证实为不足取时，这些关税尤其令人厌恶。曼恩引用了利普曼（Liepmann，1938）的一段话："没有什么比 1930 年美国关税更能妨碍国际贸易关系的发展了。通过这种方法，世界上最大的债权国在面临严重危机时，在自己周围建起了史上最高的关税之墙。"

② 例如，参见弗里德曼（Friedman）和施瓦兹（Schwartz，1963）、金德尔伯格（1986）和泰明（Temin，1976）竞放异彩的解释。

③ 然而，就如艾肯格林（Eichengreen，1986）指出的那样，在《斯穆特-霍利关税法》的案例中，这一现象可解释为：（一定程度上）大萧条的恶化导致美国关税增加。

④ 沙奇奈德尔（Schattschneider，1935）对《斯穆特-霍利关税法》颁布的解释，是政治经济学理论的伟大转折点之一。顺便说一句，这种关税本应被命名为霍利-斯穆特，因为一个法案通常以它的第一个提出者的名字命名，而且关税（作为一项税收法案）必须先由众议院提出，然后上交到参议院。但是为了名声，就像臭名一样，显然就不按照规矩来了。

⑤ 艾肯格林（1986）引用了一些粗略的证据：后来加拿大和一些欧洲国家颁布的关税是由大萧条造成的。即使没有美国的《斯穆特-霍利关税法》，从而不需要对其实行报复，这些国家的关税也会提高。

众议院议员威利斯·霍利（Willis Hawley）（俄勒冈州代表）和参议院议员里德·斯穆特（Reed Smoot）（犹他州代表）在美国国会大厦。1929 年 4 月 11 日

续至今的自由贸易提供了思想动力。[①]

尽管所有饱受大萧条折磨的国家都产生了这种支持自由贸易的倾向，但是最主要的皈依者是美国。[②] 这一点将是至关重要的。因为美国正稳步发展成为世界的主要经济体，而第二次世界大战将促使它成为构建世界经济的主导力量。直接的结果是：甚至在第二次世界大战前，一群历经磨炼的美国政策制定者在贸易政策上的态度发生了戏剧性的（甚至是剧烈的）转变。

曾经使得《斯穆特-霍利关税法》得以顺利通过的制度结构被

---

① 戈德斯坦（Goldstein，1986）曾使用"自由主义倾向"一词来描述这种思想上的转变。

② 这是很自然的。毕竟美国设立《斯穆特-霍利关税法》是愚蠢的反对自由贸易事件中最显著也是最有戏剧性的一幕。

改变了。由于自身的失败以及出于对严峻的选举形势的考虑，过去一度屈服于各方关税保护利益需求的国会勉强同意：将贸易政策的立法提案权和管理权移交给不易屈服于选民压力的行政部门。行政部门既免受保护主义的选民压力（这种压力直接或间接地通过国会施加影响），又急于迎合新出现的支持自由贸易的倾向，通过积极的谈判磋商，于 1934 年制定了《互惠贸易协定法》（Reciprocal Trade Agreements Act）。在这一法案的框架下，后萧条时期用关税铸成的铜墙铁壁被逐步瓦解了。[①] 支持自由贸易的倾向也为第二次世界大战末关贸总协定的制度设计奠定了基础。[②]

二、思　想

两次世界大战之间各国竞相提高关税和制定报复性关税的实践加强了支持自由贸易的倾向。这一倾向植根于自亚当·斯密（Adam Smith）时期就已存在的自由贸易的传统思想，但关键是要理解它是如何产生的。

1. 单边自由贸易的思想论据

产生自大卫·李嘉图（David Ricardo）和约翰·斯图亚特·穆

---

① 在第二次世界大战后，支持自由贸易的倾向是否仅存在于行政部门，还是也延伸到了国会，这是学习美国贸易政策的学生中常发生的一个重要争论。由帕斯特（Pastor，1983）陈述并被许多政治学家所认同的传统观点认为，国会也应该同样受到了这种支持自由贸易的倾向的影响。在被选民所指引的贸易保护的喧闹声中，国会恣意地使用行政部门去抑制现实中处于萌芽状态的贸易保护主义。这个"又哭又叹气（cry-and-sigh）综合征"命题，受到了纳尔逊（Nelson，1987）的挑战。他指出，国会仍然继续留心选民的压力，但是由于制度上已经转向有管理的保护以及行政部门支持自由贸易的倾向，它对保护主义的传导能力已经被削弱了。

② 最初在 1944 年举行的布雷顿森林会议上计划成立的并不是关贸总协定，而是提出建立国际贸易组织（International Trade Organization）、国际货币基金组织和世界银行。但是，国际贸易组织没有得到批准。原打算仅作为一个过渡性协议的关贸总协定，成为第二次世界大战后实际的贸易监督机构。

勒（John Stuart Mill），后被阿尔弗雷德·马歇尔（Alfred Marshall）和弗朗西斯·埃奇沃斯（Francis Edgeworth）在 19 世纪和 20 世纪之交发展了的贸易政策理论强有力地证明：一国采取自由贸易政策是最有利的。无论其贸易伙伴实行自由贸易还是贸易保护，都是如此。根据这一思想，单边自由贸易被视为一剂良药。

（1）理　　论

这一理论的核心思想是，如果外部贸易机会不变，专业化和随之产生的商品交换会使各国的自愿交易有利可图。这一点在今天看来是显而易见的。但当早期的经济学家们宣传这一思想时，它与当时占统治地位的重商主义学说是相悖的。这种甚至在柏拉图（Plato）的《理想国》（*Republic*）中就已经被述及的劳动分工与交换的优点早已被遗忘了。① 重商主义及其对自给自足式的保护政策的合法化看起来只是一种普通的感觉而已。这让人想起，依据普通的感觉人们可以断定地球是扁的，因为就肉眼看来的确如此。

新的政治经济学认为，贸易为各国进行专业化生产提供了机会。一国可以用其高效生产的产品去交换别国高效生产的产品，从而使总产出上升。自由贸易政策可引导一国更有效地利用这一贸易机会。实质上，正如第二次世界大战后的国际贸易理论家澄清的那样，自由贸易会通过有效利用获得商品的两种可替代的方法使收益最大化：一国可以专业化生产其他产品，然后通过贸易交换获得所需要的某种商品；还可以在国内自己生产这种商品。自由贸易可以使这两种方法（贸易交换或者自行生产）得到有效运用（即这两种方式的边际收益相等）。[关于这些原理的规范阐述，请参见巴格沃

---

① 我无意中发现了柏拉图对专业化优点的一段精彩论述，并发现它真的是一笔遗失的财富。乔治·斯蒂格勒（George Stigler）（诺贝尔奖获得者，经济思想史的著名专家）也将它发表在了 1985 年出版的《政治经济学期刊》（*Journal of Political Economy*）的封底上。

贸易保护主义

蒂和斯里尼瓦森（Srinivasan，1983）的第17章。]

这一简明的结论有两个重要前提。古典经济学家以其独特的方式认识到这些前提。

第一个前提是只有在价格机制充分发挥作用的情况下，自由贸易才会有效率。价格必须反映真实的社会成本。约翰·斯图亚特·穆勒就曾经非常明智地指出，保护幼稚产业是正当的。用现在的话来说，如果幼稚产业不能获取未来的收益，而该国的其他产业能获得这种收益，在这种市场失灵的情况下就有必要采取贸易保护政策。

同样，如果一国在某一部门的贸易规模大到足以影响价格，那么施行关税可使该国限制其贸易量从而获取更多收益（这就像一个垄断生产者可以通过限制其销售量来增加利润一样）。这就是贸易保护观点中有名的"贸易中的垄断力量"。

第二个前提是，一国的外部贸易机会必须独立于自身的贸易政策。假设通过实施关税，你可以撬开贸易伙伴国受保护的市场的大门。在这种情况下应该采用关税，而单边自由贸易政策则是不适用的。甚至亚当·斯密也意识到了这种情况的存在；实际上，他对这个问题进行过细致的考察：

当外国使用关税限制或者禁止该国进口我国的产品时，我国就应该考虑是否还应当继续自由进口某些外国商品。在这种情况下，为了雪耻，我们应该采取报复行动，对本国市场进口的部分或者全部外国商品也采取类似的关税或者禁令。各国通常都采取这样的报复手段。

如果报复有可能会使外国的高关税或贸易禁令得以取消，这种报复政策也可能会是好的政策。国外大市场的恢复所带来的收益，通常会多过补偿短期内本国为某些商品支付高价所带来的暂时性损失。与其说判断报复是否会收到如期效果属于立法者的知识范畴，不如说这是一种俗称为政客或政治家的动物的阴谋诡计。立法者对

· 22 ·

事件的审议应该受一贯的普遍原则的制约，而政治家们的委员会则受到瞬息万变的局势的牵引。如果取消高关税或贸易禁令的可能性为零，那么通过新的伤害来弥补对特定阶层原有的伤害，这样的办法不仅对那些原本受到伤害的阶层，而且对几乎所有其他阶层都是有害的。（1776，434－435 页）

斯密对报复性保护政策持怀疑态度。其后出现的英国大经济学家阿尔弗雷德·马歇尔也赞同他的观点。此外，一些人承认在理论上单边自由贸易政策不使用的情况确实可能存在，而在实践中却主张实行单边自由贸易。

（2）经验的判断和 19 世纪英国的争论

自由贸易的理论依据和作为单边政策的自由贸易的依据，最终是建立在经验判断的基础之上的。经验判断认为，例外的情况无足轻重或者仅在理论上具有重要性。即使事实不是如此，建立在例外基础上的保护主义政策也是弊大于利。

这在 19 世纪末那场著名的论战中体现得淋漓尽致。相对于经济地位不断上升的德国和美国，日渐衰落的英国发现其秉持的单边自由贸易政策正面临来自互惠贸易的支持者的严重威胁。他们要求英国设立自己的关税，从而与其他国家的关税政策相适应。单边主义联盟的英国政客和经济学家罗列出以下论据来对互惠贸易的支持者们进行反驳：

● 对贸易保护的荒谬信念是如此彻底，以至于人们相信总有一天贸易保护的实施者所遭受的巨大损失将会促使他们转而拥护自由贸易。《泰晤士报》（Times）在 1881 年发表的社论中指出："贸易保护，正如我们所熟知的那样，会自食其果。因此我们有理由让它的追随者们去经受现实严酷的教训。无论我们是否这样做，自然法则终会使法兰西受到应有的惩罚。"[1]

---

① 更详尽的论述参见巴格沃蒂和欧文（1987）。

● 其他人相信英国自由贸易的成功将使它成为其他国家竞相效仿的典范。1846 年罗伯特·皮尔在议会上为单边自由贸易政策辩护时指出：

如果其他国家选择在价格最昂贵的市场买东西，这并不能说明我们就不能在价格最低的市场买东西。我相信政府……不会重新采取那种与其他国家就互惠性的让步讨价还价并且给双方都带来不便的政策，放弃有利于我们自身利益的独立做法。让我们相信其他国家公众舆论的影响力——让我们相信从自由贸易中获得的实际好处会使我们起到示范的作用，并在不久的将来令其他国家也采用我们的行动准则。

● 理查德·科布登，这位主张废除《谷物法》并采取自由贸易政策的伟大改革家，甚至认为坚持互惠性的关税减免只会使国外的自由贸易商更加困难，因为这意味着自由贸易实际上是出于英国的利益而不是他们自己的利益。因此，反谷物法联盟强调英国很可能从自由贸易政策中获益，但是却特意避免了激起国外任何有利于自由贸易事业的情绪，因为他们正确地断定：这种情绪肯定会被站在保护性关税后面的利益集团所歪曲，并被敌人所利用和操纵〔霍布森（Hobson），1919，40 页〕。正如科布登所表达的那样：

我们的结论是不要试图去说服外国人也采用我们的贸易原则，这样反而更好。因为我们发现对英国动机的质疑太多了。国外的贸易保护主义者利用这一点激起了民众对自由贸易主义者的敌视。他们使人们说，"看看这些人都想干些什么，这些英国的狂热分子，正处心积虑地想要侵吞我们的工业，并将其置于那个背信弃义的国家脚下……"直白地说，我们承认，对于别的国家是否实行自由贸易我们毫不关心，但是我们应该取消自身的保护，让其他国家自己去决定它们的路吧①（霍布森，1919，41 页）。

1850 年的英国之狮；又名：自由贸易的成就

这幅刊登在 1846 年《笨拙》（*Punch*）上的漫画描绘了英国之狮在废除《谷物法》后富足而优越的生活，揭示了自由贸易的拥护者对自由贸易优点的极度自信。

---

① 许多人认为英国会从单边自由贸易中获益。当然这并不意味着事实上它真从这样的政策中获益。麦克洛斯基（McCloskey，1980）认为，自由贸易通过恶化贸易条件给英国带来了伤害，也就是说实行一种最佳关税是必要的。但是，麦克洛斯基的分析完全是从直觉出发的，而欧文（1987）已经估计了英国这一时期的对外贸易弹性系数，并且计算出极短期内单边关税减让的福利损失约为国民收入的 0.5%。正如欧文所指出的那样，虽然长期弹性系数暗示仅有很少的福利损失，但是如果把外国的关税削减（由英国推行自由贸易的示范效应所驱动）计算在内，欧文发现英国的状况得到了改善。在最优政策方面，欧文建议：英国本应安排好事情的进度，在 19 世纪二三十年代贸易垄断力量强大时实行贸易限制，而在 19 世纪 40 年代及以后英国对世界市场的把持逐渐削弱时逐步实施贸易自由化

● 许多人认为互惠并不是确保外国降低关税的有效手段，因为英国缺乏必要的经济实力。阿尔弗雷德·马歇尔指出，英国并不能对别国施行恶意关税实行有效的报复，因为没有一种英国出口品对于别国重要到如此地步，以至于它们在成本显著提高后仍愿意从英国进口；而且，即使英国能负担不进口某些竞争国产品的损失，竞争国也不会因其产品部分受到进口限制而永久地遭受严重损失（凯恩斯，1926，408 页）。

● 此外，一些人担心英国比其他国家更易受到别国报复的冲击。1881 年威廉·格拉德斯通（William Gladstone）在《泰晤士报》的一篇文章中问道：

你能够使用报复性关税给外国以有力的打击吗？在总额为4 500 万英镑的进口中，我们都进口了什么？在近 2 亿英镑的出口中，我们又都出口了什么？……如果你想让外国人有所感觉，你必须能够对其最大的产业利益加以打击。但是，外国对你的出口只是其最小利益的一部分。你凭借对别国 4 500 万英镑的进口去报复它们，只会伤害你自己，而它们却可以利用对你超过 2 亿英镑的进口来使你遭到重创。

● 马歇尔甚至指出，英国的新竞争者实施的一些关税是正当的，因为它们需要对其幼稚工业进行必要的保护。所以，要求互惠是不恰当的。他写道："对于存在不成熟工业的国家，简单地完全采用英国的自由贸易制度是愚蠢的"（凯恩斯，1926，392 页）。

● 那一时期的几位经济学家深信，不管使用互惠关税的理论听起来多么合理，政策最终将会被贸易保护者和政治利益集团所利用。马歇尔在考察了美国的贸易保护之后（这加深了他对使用关税进行合理干预的质疑）发现："在日趋复杂的过程中，（贸易保护）成了腐败，甚至有腐化整体政治的倾向"（凯恩斯，1926，394

页）。并不只是马歇尔持有这种观点。1903 年许多杰出的英国经济学家［包括弗朗西斯·埃奇沃斯、阿瑟·鲍利（Arthur Bowley）和埃德温·坎南（Edwin Canan）］签署了一个宣言，并刊登在《泰晤士报》上。他们警告人们，"贸易保护产生了一系列后果。政治的纯洁性受到了侵害，那些掌权的假公济私者获得了不公平的利益，腐败盛行，财富分配不公正，邪恶利益集团的势力也在不断增长。"这无疑是政治经济学和国际贸易理论的新发展在早期的表现。新理论认为政策会受到压力集团游说的影响（人们可以使用看得见的手来医治看不见的手的缺陷，但是游说可能会使看得见的手的缺陷比看不见的手的缺陷更多）。这取代了以往认为政府是善良和全能的传统观点。

● 这些观点在当时的英国是非常有说服力的。但是在其他时期，包括第二次世界大战后的贸易自由化时期，自由贸易的单边主义很少得到支持。为知晓对等的或者相互的自由贸易（和贸易自由化）的主流思想，我们必须了解其他的观点（我将马上展开论述）。

（3）第二次世界大战后理论的发展

首先应该注意的是，以上我们解释过自由贸易政策可以使国家的利益最大化。这一论断的理论依据主要得益于第二次世界大战后贸易理论的发展。该理论指出，为挽救国内市场失灵而采取贸易保护的传统依据（例如在幼稚工业保护中所涉及的依据）比我们想象的更加不堪一击。适度的关税会比自由贸易增加更多的福利，但是更恰当的应该是直接针对市场失灵的起因对国内进行政策干预。用行话说就是：在国内市场扭曲（或市场失灵）情况下，最优的政策干预是国内干预，关税只是一种次优的政策。只有当外国市场扭曲或失灵时，关税才是恰当的；只有当外部市场存在垄断力量时，关税才是最优的政策。这样，与之前的理论相比，关税被降格为只能

起到更为有限的作用。①

但是，就连这种"贸易中的垄断力量"的观点也遭到了质疑。它要求在国际市场上存在不容忽视的市场力量，当然，它仅适用于市场份额比较重要而且市场进入比较困难的情形（如黄麻和石油）。更为严重的是，通过实行关税来发挥本国的垄断力量，很有可能引发报复。而在此之前，这种报复只在两次大战之间的时期和作为对斯穆特-霍利关税的显著反应时才可能发生。早期的理论家推测，尽管一个国家可以实行关税来发挥对市场的垄断力量，从而获得短期收益，报复行动将使所有国家的情况恶化。而后来的分析表明：虽然会产生报复，最终确实仍有可能实现净收益。② 尽管事实说明报复不能排除一个国家在贸易中通过关税发挥垄断力量后最终仍可获得收益，一些分析已经表明报复行动会使这样的国家（和其他国家）贫困化。长久以来，作为"自由贸易政策最大化—国福利"的特例，具有垄断力量的国家通过关税获取最终收益的做法开始受到质疑。

2. 一个国家的自由贸易和所有国家的自由贸易

由于自由贸易的经济理论主要关注单个国家的自由贸易，而非所有国家的自由贸易，所以并没有为设计国际贸易体系或制度提供直接的指导。在这一经济思想体系中是否存在关于国家间贸易管理规则的启示呢？关贸总协定的缔造者们确实遇到了这样一个问题。

---

① 第二次世界大战后贸易政策理论的发展是许多理论家的工作成果，这些理论家包括哈里·约翰逊（Harry Johnson）、斯里尼瓦森（T. N. Srinivasan）和马克斯·科登（Max Corden）。但是，他们的工作与巴格沃蒂和拉拉斯瓦米（Ramaswami, 1963）以及米德（Meade, 1951）的工作是各自独立进行的。对贸易政策理论的综述，参见约翰逊（1965）；关于贸易政策理论的综合与归纳，请参见巴格沃蒂（1971）。

② 薛托夫斯基（Scitovsky, 1941）推测所有的国家在关税报复中都会贫困化。约翰逊（1953）运用古诺-纳什关税报复模型，说明最终仍可能获得净收益。罗德里格斯（Rodriguez, 1974）指出，约翰逊的分析中如果用配额去替代关税，将得到与薛托夫斯基同样的结论。关于这方面的优秀文献综述，请参见麦克米兰（McMillan）（1986）。

现在，确实有一种关于自由贸易理论的世界主义版本（与国家主义对立）。如果把效率逻辑应用到所有贸易国之间的分工上，而不只是在本国范围内，显而易见所有国家都应该实行自由贸易，仅仅这样做就可以令商品和服务在成本最低的地方生产。价格反映真实社会成本这一假设对以上结论至关重要，正如在单个国家内部讨论自由贸易时一样。如果任一国家使用关税或补贴（贸易保护或贸易促进）使市场价格和社会成本相分离，而不是拉近市场失灵所带来的两者之间的差距，那么其结果肯定会和有效率的世界分工不一致。由此可见，所有国家必须实行自由贸易。

因此，自由贸易的国家主义理论为他国关税、配额和补贴的使用作了粉饰，要求无论别国怎样，一国都应实行自由贸易。世界主义的理论则要求所有地方都坚持自由贸易。因此，在贸易体制的构建中必须将补贴和保护等人为干预所带来的比较优势排除在外。同样，我们也应反对为了能够在世界市场上获得一个不怎么牢靠的立足之处而进行倾销。

在实行单边自由贸易还是普遍的自由贸易上，两种自由贸易理论的政策含义截然不同。

3. 进化论和"公平"

单边主义的政策建议进一步遇到的问题是它与自由贸易进化论的原理和直觉不相符。让我们抛开他国实行贸易保护而本国实行自由贸易的情况（这一情况在 19 世纪的英国广受争议，而在今天的美国也受到同样的关注），考虑一下他国实行出口补贴而本国保持市场开放的情形。现在，如果另一国家具有的比较优势是由市场决定的，本国产业在追逐贸易利益的过程中逐渐消亡是难以阻止的。但是，如果外国产业受到了政府的人为支持，这就会经常引起人们对破坏"公平"的愤怒。

也许某个经济学家会声称，外国政府采取出口补贴对本国来说简直太好了。本国可以买到更便宜的商品，因此应单方面地实行自由贸易。这个经济学家应该是正确的。但是，他必须认识到，这样下去会带来对贸易保护的需要，并可能会出现非法的现象，从而使自由贸易难以为继。如果不对人为的补贴加以管制，这样的自由贸易体制很可能会加速自身的消亡。我和米尔顿·弗里德曼（Milton Friedman）在著名的"自由选择"电视系列节目的谈话中曾打了个比方来说明单边自由贸易对于整体贸易格局意味着什么。这个比方也许是恰当的：一个人仅仅因为便宜就接受偷来的财物，或者因为全局考虑而宁可投票禁止这种交易，哪种行为是明智的呢？

这一思路支持了卓有见识的经济学家的立场，那就是世界贸易秩序应该是全球自由贸易原则的实质体现。比如为了维持公平竞争的贸易，可以允许适当使用报复性关税和反倾销措施。

4. 关贸总协定和互惠

实际上，这正好是关贸总协定成立的宗旨。由于受理论上经济思考和实践中政治对国际贸易体制制约的影响，关贸总协定相当于一个我喜欢称之为契约式机构的机构，其本质内容是成员国权利和义务的对等，而不是自由贸易中的单边主义。

从这种意义上说，关贸总协定也广泛反映了完全互惠的思想（即缔约方市场准入义务的广泛平衡）。[①] 但是（正如 1934 年美国

---

① 强调互惠义务，也是充分吸取了两次世界大战间的经验，那时实行单边、自私、相互破坏的关税设置和竞争性汇率贬值的政策。对此最好的阐述莫过于鲁宾逊（Robinson，1947，192 页）所写的：

通常认为，只要所有国家都是自由贸易者，自由贸易就是很好的政策，但是如果其他国家设置关税，我们也要设置关税。这种观点受到了另一观点的反驳，它认为这样做就如同因为其他国家的海岸岩石密布，我们就也要往我们的海港里扔石头，是不理智的。这一观点本身也是无可指责的。从本国政府的角度看，外国关税（除了可通过谈判修改的以外）只是一个自然事实，在此条件下可行的分工最大化仍然会产生效率最大化。但是，当"以邻为壑"的博弈进行了一两个回合以后，外国已经竭力刺激了出口并削减了进口，这时任何拒绝参与博弈的国家的失业负担将变得无法忍受，采取某形式进行报复的需要将变得不可抗拒。认为"必须用关税来报复关税"的普遍观点因此在实际中获得很大支持，尽管以不变应万变的做法是否是最优的这个问题仍然悬而未决。

的《互惠贸易协定法》以及后来的实践所体现的那样，尊重在关税减免互惠谈判中大多数国家一百多年来的惯例），它还吸纳了一种与完全互惠相关但又有所区别的原则。我把这种原则称为"第一差别互惠"（first-difference reciprocity），即削减关税的谈判应使边际可感知收益达到平衡，而不是造成市场准入的完全平等和倒退（或者，按照现代美国的说法，这种原则可简称为"公平的竞争环境"）。

但是，关贸总协定广泛契约式的完全互惠目标和概念，与"第一差别互惠"谈判的程序惯例之间是有差异的。如果任一主要缔约方想要改写各国加入关贸总协定的历史，重新提出整体市场准入的平衡问题，这种差异就会造成紧张局势。[①] 最近美国国会竭力强调的正是市场准入平衡，甚至比这要求的还要多。[②] 不幸的是，这样做的后果不可避免地会有利于贸易保护主义的政治活动。

三、利　益

让我们重新回到利益这一主题。利益也是第二次世界大战后贸易自由化的成因之一。那些在美国获得的利益明显起到了极为重要的作用，它们无疑巩固了自由贸易的理念。

结构主义政治学家认为，占支配地位的国家看到它们的本国利益存在于自由贸易政策和体制中，并力图寻找进入世界市场的途径［参见克拉斯纳（Krasner，1976）和基欧汉（Keohane，1980）］。19 世纪英国经济实力上升以及 20 世纪美国经济实力上升之后的贸易自由化，尽管类型不同，但都促进了以上观点的形成。然而国力

---

① 原则上讲，我认为，关贸总协定缔约方的准入条款应该实现全面准入的广泛平衡。

② 例如，甚至在部门内部寻求彼此准入的平衡。

上升本身并不会带来自由贸易体制；苏联所拥有的霸权只使其开发出了人造卫星，它用经济学家所谓的"无偿转移"代替了"贸易收益"[鲁杰（Ruggie），1982]。因此，结构主义政治学的这一结论需要增加一个条件，即这种霸权必须是资本主义的霸权。

但是当一个强大的资本主义经济的国家利益导向是自由贸易体制时，国家利益会渐渐转变为由寻求向外扩张并极力开拓国外市场的资本家的"动物精神"（animal spirits）所构建的国内利益。而且，经济实力的上升会使一国更有能力挑战局部利益，实行市场开放。实力反映了经济繁荣，而经济繁荣使反对贸易保护主义更容易为人们所接受。实际上，有系统证据（见第 3 章）表明，糟糕的宏观经济形势往往会给自由贸易带来坏消息：随着经济的不景气，保护主义压力会显著上升。

然而这里有一个微妙的问题，体现了对国家利益的认识。它是个心理学问题，植根于上文中提到的进化论的自由贸易概念。通常人们认为，在政治上，只有当一方强大时，自由贸易才会成为它的意识形态和政策偏好。进化论吸引着那些希望自己成为赢家的国家，因此那些实际上拥有或感觉自己拥有竞争力的国家更喜欢进化论。19 世纪和 20 世纪许多后来者不愿放弃对工业化的贸易保护。这证明以上观点确实包含了一定的正确性。即便是受到前面提到的局部利益和国家利益因素的驱使，美国人仍确信整个国家很可能在自由贸易的达尔文式竞争中幸存下来，并且相信这是其国家利益之所在。美国的信心促使其支持第二次世界大战后的贸易自由化，这是有道理的。[①]

而美国在自由贸易中的利益看起来要比这些多得多。实际上，美国政府的行政部门逐渐认识到只有自由贸易政策才能更好地保障

---

① 对于 19 世纪英国实行单边贸易自由化时期进化因素所扮演的角色、美国所领导的第二次世界大战后的贸易自由化和当前对美国贸易政策的争论，在巴格沃蒂和欧文（1987）的文章中有进一步的探讨。

国家安全。基于这种观点［政治学家道格拉斯·纳尔逊（Douglas Nelson，1987）竭力论证这种观点］，美国采取贸易自由化的动机，不是因为相信自由贸易会带来经济上的回报，而是希望通过对外政策获得的国家安全方面的收益会抵消自由化在国内的政治成本。冷战现实主义者，如乔治·肯南（George Kennan）具有战略眼光，他强调使用经济手段来遏制共产主义的威胁。在引证冷战现实主义者所组成的杜鲁门政府的成功时，纳尔逊说道[1]：

　　国际经济政策（包括贸易政策）的工具被视为国家安全政策的基本工具。应用这些工具的第一个任务是重建处于经济崩溃边缘而且即将被当地亲苏共产主义者所接管的欧洲。马歇尔计划将所需金融资源直接转移到欧洲，而美国贸易体制的自由化（对欧洲有大量豁免条款）预期能够间接地实现这种转移（1987，15 页）。

相信"其他国家从贸易中获益将提升美国的安全"，这与"贸易有利"的思想并不矛盾。但是这一独特命题暗含着一种对"所有好事会一并发生"的贸易自由化主张的信念。[2] 此信念通过第二次世界大战后美国对自由贸易秩序的承诺这一主要（也许是决定性的）方式得到了加强。

---

　　[1]　难以置信的是，纳尔逊竟然否认贸易自由化带来的直接经济获益是美国政策制定的结果。他指出，实际上这些政策制定者认为贸易自由化涉及美国的经济成本："在杜鲁门白宫和国务院的主要政策制定者［特别是国务卿马歇尔和艾奇逊（Acheson）］并不考虑贸易能带来经济利益，甚至根本不考虑贸易的经济效果，而是主要倾向于从成本角度来看问题"（1987，注释 16）。

　　[2]　参见帕肯罕（Packenham，1973）关于美国在第二次世界大战后的自由思想的一段论述。他在反复陈述中明显地表达了这样的看法：控制人口不仅就其本身而言是好的，而且它还会促进和平；国外援助将创造经济繁荣，从而阻止共产主义的蔓延。这些主张不只是"销售"项目的方法，它们通常反映了真正的信念。

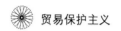

四、制 度

贸易自由化的信念解释了美国支持关贸总协定的原因。虽然关贸总协定有缺点，但它仍是监督和维护第二次世界大战后贸易自由化的机构。

关贸总协定只是一个契约式的安排，但当美国开始要求关贸总协定成员国履行对等义务时，则是用另外一种方式看待关贸总协定了。例如，在扶植欧洲的政治利益上，美国允许欧洲在实现货币经常项目下可兑换的过程中，长期保持非对等的市场准入。而且与国内规划的"积极行动"路线基本一致，美国默许第四部分条款生效以及给予发展中国家其他特殊的差别待遇，并因此豁免了它们在关贸总协定下的对等义务。发展中国家不发达的状态也似乎证明这样做是正确的。而差别待遇给关贸总协定成员国带来了障碍。

在如何看待第二次世界大战后美国与关贸总协定的关系的问题上，有两种典型的观点。你可以和金德尔伯格（Kindleberger，1981）一样认为，美国为支持自由贸易的关贸总协定框架提供了"公共产品"，并且允许一些国家"搭便车"（比如，在关贸总协定成立初期的欧洲，以及发展中国家），使它们可以不履行对等的市场准入义务，减轻了这些国家的负担，这其中美国扮演了领导者的角色。你也可以得出以下推断，即从维护关贸总协定的意义上说美国充当了领导者，它允许这些国家情有可原地暂时履行非对等义务。后一种解释看起来与事实更加相符。这同时也暗示着，随着欧洲的复兴和新兴工业化国家中较发达国家经济的有力增长，这些暂时的状况将会结束，美国也将转而坚持它对关贸总协定的最初的契约式构想，并且开始寻求市场准入的互惠（就如它今天所做的这样）。

关贸总协定为支持自由贸易的意识形态和利益集团提供了影响政策所需的机制和动力。制度为获取利益创造了机会，甚至制度本身就孕育了这种机会；反过来，这些机会又促进了制度的形成。关贸总协定致力于推进自由贸易并且实现广泛的自由贸易目标，它为支持自由贸易的势力，特别是美国政府的行政部门，提供了必要的工具，使其为降低关税所作的持续努力不断获得成功（回忆图 1—1）。事实证明，为大幅削减关税而进行的多轮关贸总协定谈判，有效应对了具有选民意识的国会议员一直以来所施加的贸易保护压力。它们对这些压力的回答是：屈服于贸易保护压力，会给进行中的协商和谈判带来危害。所以，一组进行中的连续谈判回合在战术上也很高明。华盛顿的幽默人士将这称为"自行车理论"：除非你一直踩踏板，否则你就会从车子上掉下来。

然而，另一项基本制度变化（这一变化产生自美国国内），巩固了自由化的进程和反对贸易保护的政治立场。《斯穆特-霍利关税法》的惨败导致关税制定权从国会转移到具有支持自由贸易倾向的行政部门。这个举动本身为美国在政策制定中反对贸易保护提供了强大的动力。此外，它还以一种微妙的方式巩固了支持自由贸易的立场。早先，国会议员易于受到选民压力的直接影响。在《斯穆特-霍利关税法》框架下为几乎每个行业都量身定制了关税。在这一过程中，立法者互相帮衬通过了彼此都有利的提案。这反映了立法者之间"互惠不干涉"的处事原则。在取消了国会对个别关税的制定权后，这一现象停止了。贸易保护压力集团现在不得不专注于贸易保护的规则。现在，关于个别立法者最青睐的关税这一狭隘的问题已经让位于贸易保护主义与自由贸易这样更广的问题。游说代替了"互惠不干涉"，贸易保护者和支持自由贸易者的力量分布变得不那么悬殊了。无论贸易保护压力达到怎样的水平，贸易保护的实施在当时是下降了。①。

　　因此，第二次世界大战后的贸易自由化可以归功于利益、意识形态和制度之间充分的相互交织和相互影响。但是在 20 世纪 70 年代情况发生了显著变化，贸易保护开始抬头，并且人们担心贸易保护会全面爆发。是哪里出了问题呢？

---

　　① 纳尔逊（1987）发展了这一论断，霍尔（Hall）和纳尔逊（1987）对其做了进一步探讨。关于与美国贸易政策相关的其他制度因素，参见鲍德温（Baldwin，1985b）。

第 *3* 章　贸易保护主义的兴起

削减关税引起的贸易限制放松的趋势在 20 世纪 70 年代中期受到猛烈干预。随后，贸易壁垒有抵消性的增长。非关税壁垒（nontariff barriers，NTBs）增多与协议关税降低同时发生，协议关税降低在放松世界贸易体系限制方面的增效受到严重损害。经济学家经常把这些壁垒称为行政保护，因为它们显然不意味着每个保护行动都得到法律授权（尽管为了便于行政和准司法权力的实施以及决定是否同意由特定请求者和游说者提出的贸易保护要求，或明或暗的立法机构许可无疑是必要的）。通常通过管制进口的机构和流程来实行这些限制，包括行政部门在制定针对其他国家的贸易限制安排中对政治权力的使用。

两类非关税壁垒有着完全不同的含义，必须加以区分：一类是绕过关贸总协定法规，另一类是抓住并滥用关贸总协定法规。前一类包括对贸易伙伴出口的高层次（high-track）① （也就是可见的和政治协商的）限制；后一类包括低层次（low-track）限制，例如反补贴税和反倾销条款。

一、非关税壁垒的增加

1. 自愿出口限制等

自从 20 世纪 70 年代后，各种限制出口的高层次干预增长迅猛。在 1974 年，国际纺织品贸易长期安排成为一整套的多边协议，不久它就受到了诸如有序营销协定（Orderly Marketing Agreements）和自愿出口限制等持续增多的干预。钢铁、汽车、鞋类、摩托车、机床和消费电子等多个行业也受到此类限制。②

世界银行与联合国贸易和发展会议已经付出大量的努力来计算非关税壁垒的发生频率。其中概念和评估问题难以克服。一方面，所用的无条件的非关税壁垒的定义不仅囊括了自愿出口限制和其他的出口抑制安排，它还包括进口配额、非自动许可证和反复无定的征税。③ 另一方面，对非关税壁垒现状的评估只反映了包含在此类

① 芬格等（1982）描述了行政保护中"高层次"和"低层次"方式的差别。这一术语是理查德·库珀（Richard Cooper）提出来的。

② 1987 年《世界发展报告》中的图 8—1 阐明了 1984—1986 年间对制造业正式达成协议的限制范围。

③ 显然，自愿出口限制在工业化国家显得比较重要，而进口配额和非自动许可证在发展中国家显得比较重要。因此，世界银行以及联合国贸易和发展会议的数据也许较好地反映了工业化国家自愿出口限制的情况。

措施中的进口百分比，而不是这些措施的保护效果。[①] 但是，数量的升级发人深省：1981 年，工业化国家 13％的进口遭遇了这类无条件的非关税壁垒；1986 年按大致相同的口径估算其数值为 16％。[②]

如果扩大非关税壁垒的定义至包含国家垄断、进口管制（包括自动许可证）、反补贴税和反倾销条款，结果更有说服力。最近，除了日本，所有经济合作与发展组织的主要国家关于非关税壁垒覆盖范围这一更为综合的指数增长显著（日本早已比欧洲经济共同体和美国有着更大的非关税壁垒覆盖范围）。[③] 但是，看待这些数据，必须非常谨慎。比如，在这种增强型的非关税壁垒指数中包含自动许可和国家垄断贸易，也许会误导粗心的读者夸大贸易保护的增长和发生频率，因为自动许可的保护效果确实可以忽略，国家垄断贸易可能也无足轻重。

但是，让我们回到出口抑制安排的话题。在 20 世纪 70 年代后期，自愿出口限制不仅重要，而且比关贸总协定许可的第 19 条保护性条款诉讼的使用更加普遍。[④] 1982 年关贸总协定秘书处警告，1978 年以来其他的保护性措施（大部分是出口限制安排）已在 63 例案件中被使用，同期第 19 条的诉讼报告只有 19 例。[⑤] 一系列非关税壁垒的增加不仅使得贸易自由化的进程停滞，而且使其出现部分倒退。对许多国家来说，非关税壁垒也使得国际贸易体制从根本

---

① 因此，如果自愿出口限制是如此有效以至于完全消除进口，它只会从下面要谈到的指数中消失，因为消除的进口不会再以包含在自愿出口限制中的进口的形式出现。当然，同样的问题也困扰着对任何贸易限制的测量。

② 参见 1987 年《世界发展报告》，142 页。为便于比较，使用 1981 年的贸易权重估计 1986 年的数字。

③ 参见图 3—1。

④ 第 19 条为某一行业免于进口竞争提供暂时性的保护。

⑤ 沃尔夫（Wolff，1993）引用了关贸总协定的研究成果，并认为自愿出口限制与第 19 条诉讼的实际比率可能还要更高，因为没有法律要求首先要告知关贸总协定不受法律支配的非关贸总协定措施。关于自愿出口限制和第 19 条的另一个讨论，参见亨得利（Hindley，1987）。

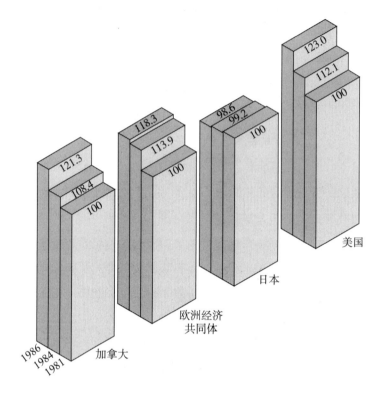

图 3—1　加拿大、欧洲经济共同体（不含葡萄牙和西班牙）、日本和美国
1981—1986 年间特定非关税壁垒的进口覆盖指数

注：1981 年的指数是 100。（使用 1981 年的进口贸易权重计算进口覆盖比例。进口覆盖比例是一国受非关税壁垒影响的进口商品群的加总价值除以进口商品群的进口总价值。因此，只有当非关税壁垒影响了不同的系列产品或贸易伙伴，各年间的指数才会发生变动。所含的非关税壁垒覆盖范围非常广，甚至包括自动许可和价格控制措施。）

资料来源：UNCTAD 1987.

上出现恶劣变化的可能性增大了。

关贸总协定代表了"法治"。如果所有成员都在较为完善的法规下进行贸易——这些法规中非歧视性最惠国待遇安排和相对于其他贸易壁垒的关税偏好（因为它更透明）显得特别重要——成员们必须循规蹈矩。由此形成的成员国之间行业和贸易的分配是不可违背的，已经被许可的程序合法化。"固定规则"（fix-rule）的体制与"固定数量"（fix-quantity）的体制形成对照，而自愿出口限制和其他的出口抑制安排（诸如有序营销协定）就意味着"固定数量"的体制，因为这些限制和安排分配法令许可的贸易量，其保护程度通常是不透明的，必然偏离基于最惠国的贸易保护，转而歧视性地对待其他供应商。

如果这些发展实际上代表了持久转向一个新的"固定数量"的体制，则关注法规的转变是合理的。但是这些发展有前景光明的一面：也可把这些发展解释为支持自由贸易的当局以具有独创性、临时性和破坏最小化的方式应对了贸易保护压力（下面将会展开这个话题）。

2. 反补贴税和反倾销条款：抓住"公平贸易"的条款

一个完全不同的现象是把贸易保护压力转化为维持公平贸易机制的"战利品"，尤其是反补贴税和反倾销条款。如我前面所说，这些制度在自由贸易体制中有合理的作用，但是如果它们被抓住滥用为贸易保护的工具，情况则不然。

在 20 世纪 70 年代后期，反补贴税和反倾销行动的发生频率显著增加。在 1980 年至 1985 年间，"七个国家和欧洲经济共同体……发起 1 155 例反倾销；反补贴案例也有 425 起"［芬格和诺格斯（Nogues），1987，707 页］。美国、澳大利亚、加拿大和欧洲经济共同体采取的反补贴税和反倾销行动的数据（参见表 3—1）显示：欧洲经济共同体主要依赖于反倾销行动，而美国几乎都诉诸反补贴税。

这些不公平贸易案例的迅猛增长，本身就是它们被用来困扰成功的国外供应商的明显证据。但是这个支持捕获论的证据比捕获论本身更引人注目。

为发起和解决反倾销和反补贴税控告而设计的国家法律和制度，其传统的设计和功能激励人们抓住这些措施。首先，缺乏对无关紧要的控诉的处罚，这意味着原告通常只要付出小成本，而被告（损失大者）通常必须聘请最昂贵的律师。进一步讲，虽然外国公司有资格进行公平听证，但必须指出，我赞同如下程序：该程序不会使一国的原告和法官处于贸易保护氛围从而对被指称有不公平贸易行为的被告不利。[1]（最近几年，几乎所有人都认为，存在这样一种有害的氛围。[2]）

表 3—1　　　　　　　　发起的反补贴税和反倾销行动

（引自芬格和诺格斯，1987，708 页）

	美国	澳大利亚	加拿大	欧洲经济共同体
反补贴税				
1980	8[a]	0	3	0
1981	10[a]	0	0	1
1982	123[a]	2	1	3
1983	21[a]	7	3	2
1984	51[a]	6	2	1
1985	39[a]	3	3	0
	252	18	12	7
反倾销行动				
1980	22[b]	62	25	25
1981	14[b]	50	19	47
1982	61[b]	78	72	55
1983	47[b]	87	36	36
1984	71[b]	56	31	49
1985	65[b]	60	36	42
	280	393	219	254

注：a.《美国贸易法》，第 701 条。

　　b.《美国贸易法》，第 731 条。

---

[1]　芬格等（1982，454 页）对此提出完全不同的批评，认为这些争端解决机制和制度"通过设计……使国内生产者的利益比国内用户的利益重要得多"，"虽有能力施加贸易限制，却不能去除它们"。

[2]　芬格和诺格斯（1987，454 页）写道，"在 1980 年至 1981 年间，美国国会提出 26 条不同的法规来解决这类问题……至 1985 年年底已经提出了几百条贸易方面的法规（来应对不公平贸易的做法）。"

　　对诸如（在判定和阻止倾销时使用的）"公平价值"这样的概念的描述和特征定义，从一开始就含糊不清，因此可以进行限制性的、对外国供应商不利的解释，这个事实使得贸易保护者更容易去抓住这些程序。实际上已经发生了这样的事。在回顾欧共体反倾销活动的新趋势时，诺罗（Norall，1986）记录了欧共体委员会（它的反倾销管制在许多方面复制了"关贸总协定反倾销法规平和的一般原则"）怎样有能力行使较大的自主权，他写道，"即使这些（反倾销）条款常常是有歧义的，但是它们被教条主义地加以解释，为一些非常严酷的后果提供文本依据"（98 页）。诺罗得出如下令人担忧的结论：

　　一言以蔽之，存在某些事实，委员会目前在反倾销案例上运用的技术方法，其各个方面倾向于使倾销行为在一定显著水平上自动和必然地被发现，并使出口商难以通过征税后提高价格的方式修改和减轻反倾销税的影响。

　　随着欧共体成员国以及那些影响日本贸易关系政治面的国家默许批准程度的变化，技术人员在反倾销管制方面有运用晦涩难懂的技术的趋势，这种趋势看起来正在成为贸易政策的一个工具（98 - 99 页）。

　　经济学家帕特里克·麦瑟林（Patrick Messerlin，1987）分析了欧共体在 1970—1985 年间检查的 515 例反倾销案件，得到一个同样令人不安的结论：

　　首先，欧共体的反倾销程序现在不再是无足轻重：它包括数以百计的案例，涉及所有共同体的重要贸易伙伴，表现出限制贸易结果的增加。其次，有一种明显的趋势：反倾销这一关贸总协定推崇的程序产生了下列后果——侵扰、贸易伙伴之间的歧视和非关税壁垒，而这些正是关贸总协定的原则所反对的。（21 页）

甚至那些有权利判定不公平贸易活动的人，他们对待国外和国内企业的方式是不同的，这已得到了很好的证实。竞争企业协会（Competitive Enterprise Institute）的弗莱德·史密斯（Fred Smith）在评论美国的实践时说，"如果对美国公司适用同样的反倾销法律，那么国家每次圣诞后的销售将被禁止。"[①] 迪基（Dickey，1979）也得出结论说美国在实践中已经受到针对外国企业不公平的非对称性影响。

对"公平价值"的判定在不懈地进行，即使基础经济学认为在这些案例中它是毫无意义的，并且唯一的结果是政治性的。例如，波兰出口高尔夫车到美国受到反倾销的挑战。现在，首先碰到的难题是：对于中央计划的经济体，无法合理确定"真实"或"公允"的成本和价格。波兰人甚至不打高尔夫球，所以其国内没有参考价格：波兰人把高尔夫车放在球场的前面。但是贸易保护者不会妥协。他们搜寻"可比"国家，利用"可比"国家的工资和其他成本来推想波兰的真实成本，最后选择了西班牙作为理想的参照国家。[②]

甚至微不足道的补贴都遭遇了反补贴。除了计算误差必须大大超过这些补贴，反补贴给竞争带来的扭曲影响显然比不上申诉者获得的贸易保护利益重要，就是这些申诉者利用反补贴税使国外竞争对手备受折磨。波瓦德（Bovard，1987）写道："在1984年，意大利被指控以低于公允价值1.16％的价格销售木管乐器按键垫，尽管美国商务部承认它没有比较同一商品在意大利和美国的销售额。"最近，肯尼亚的康乃馨出口遭遇了反补贴，据估计其以低于公允价值1.58％的价格销售康乃馨。另一个反补贴税行动得到了以下重

---

① 引自波瓦德（1987）。
② 参见霍斯曼（Holzman，1983）。通过非中央计划经济的生产者价格为中央计划经济体构造"公允价值"的程序，是1974年对1921年反倾销法修正案的组成部分。波瓦德（1987）对与中国出口到美国的不锈钢炊具有关的同样奇怪的案例作了总结。

大发现：泰国政府在给予大米出口 0.75% 的补贴。[1]

因此，利用反补贴税和反倾销的方式防御竞争对手的用意是显而易见的。微不足道的"倾销幅度"和补贴以及对外国企业贸易公平的评价偏见，这些发现都说明对这些机制的使用不当。但是同样重要的是，缺乏对无关紧要的控诉的处罚导致了大量的案件，在这些案件中起诉者只是想使成功的竞争者卷入在国家司法程序中进行昂贵的辩护行动的漩涡，而这样的国家程序可不是公正和公平的典范。由于会导致外国贸易不确定性和成本的增加，反补贴税和反倾销控告者的申请有着保护性的影响。

按图索骥，反补贴税和反倾销行动显然被作为战术工具来使国外竞争对手屈服，驱使他们及其政府对自愿出口限制进行协商。于是，合法的低层次机制被蓄意滥用，为不合法的贸易保护使用行政保护的高层次机制铺平道路。这是许多谨慎的观察者深思熟虑的结论。芬格和诺格斯（1987）总结道，在美国对不公平贸易诉状的分类，通常为成功得到美国政府保护行业的努力开辟道路："事实说明，大案件几乎总是从行政保护案件开始，以协商自愿出口限制结束"（芬格、霍尔和纳尔逊，1982）。关于日本汽车出口的美日协定起先是一个保护性案件。[2] "美国与几个钢铁出口商签订的自愿出口限制网，原先始于一系列的反倾销和反补贴税申诉"（720－721页）。类似的，就在对日本大制造商提出反倾销申诉后，最近美国和日本旋即达成了半导体协定。

二、替代效应和新贸易保护压力

就在关税已被削减到新低时，非关税壁垒和行政保护增加。这

---

① 参见沙提拉泰（Sathirathai）和暹瓦拉（Siamwalla，1987），607 页。泰国对大米出口征收 5% 的税，对此这一反补贴税程序不同意作任何补偿性的调整。

② "保护性"案件涉及要求减轻市场分割的影响（在第 19 条下）。

个现象暗示着一种有趣的可能性，也许有个恒定的贸易保护定律：如果你减少一种保护，随即会有另一种保护在别处出现。（因此就有一种替代效应，而不是贸易保护压力有任何增长的证据。）

但是，这个观点是不能令人信服的。我前面大致提到，实际上是由于意识形态、利益和制度等因素戏剧性地结合，才明显地推动了贸易自由化的火车头。一些事情的确发生了变化，使火车头熄火，甚至掉转方向。贸易保护压力自然增加了。

直到第 4 章，我才开始分析引起贸易保护压力增加的力量（其中有石油输出国组织主导的宏观经济恶化和世界经济的结构性变化）。在第 4 章里，我会在由世界经济其他变化产生的反对贸易保护力量的背景下，考虑这些赞成贸易保护的力量。

三、贸易保护的效力检验

目前，我要问的是：如果在 20 世纪 70 年代中期贸易保护压力增加，并且贸易保护压力甚至转变为非关税壁垒数量的增加，那么所有这些抑制贸易的行为效果如何呢？狗在叫，但它咬人了吗？

在 1973—1983 年间，贸易扩张的步伐显然大为放慢。但是，如图 3—2 所示，整个时期贸易继续保持着比收入更快的增长。实际上，直到 1973 年大多数国家贸易与国民生产总值的比率都在增长，那以后到 20 世纪 80 年代初期这种增长一直在持续。图 3—2 说明了加拿大、日本、韩国、英国和美国这种突出的现象，但这一现象在另外几个国家也存在。尽管工业化国家在 20 世纪 70 年代期间经历了"滞胀"，发展中国家向工业化国家的制造业产品出口几乎增长了两倍，与发展中国家之间相互出口的增长一样快，年增长率超过 8%。

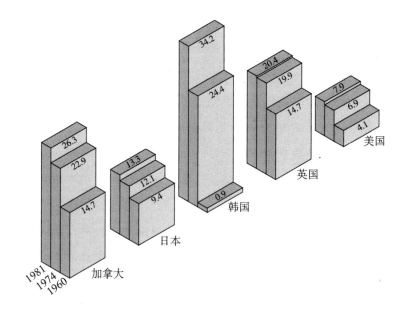

**图 3—2　1960—1981 年间所选的几个国家出口与国民
生产总值的比率（%）**

资料来源：根据国际货币基金组织国际金融统计的数据（第 70 和 99a 行）计算。

　　当然，如果非关税壁垒的出现无关紧要的话，世界贸易本可以
增长得更快。[①] 然而，在当前情况下，有理由认为，非关税壁垒的
增长至多对贸易增长起了较小的不利影响。这是为什么呢？

　　贸易保护的增长表面上看起来是重要的，但并未产生重要影
响[②]，这一谜题可以根据我们的目标，利用罗伯特·鲍德温（Rob-
ert Baldwin，1982，1985a）的著作加以解释。鲍德温提醒我们，
贸易保护常常比看起来的要少，因为出口国能用许多方法来避开贸

---

　　① 我们这些经济学家总担心所设想的未发生的情形是否正确：没有准绳，我们寸
步难行。有一个关于经济学家的杜撰的故事：当他被问及"你夫人好吗"，他回答："跟
谁比？"

　　② 这一谜题首先是休斯（Hughes）和克鲁格（Krueger，1984）在发展中国家出
口增长的背景下提出的。

易保护，继续增加其出口收入：

外国对特定产品的进口施加较为严格的限制，考虑出口企业对此的反应。一个直接的反应是试图使商品以进口限制未包含的形式运输……举个例子，对袖子可拆卸的外衣，通过进口单个袖子，外衣的其他部分作为马甲进来，从而有资格享受较为优惠的关税待遇……使用替代成分是另一种常见的避开进口限制的办法。糖进口到美国的配额只适用于纯糖，定义为 100% 的蔗糖。外国出口者通过输送糖类制品避开配额，这些糖类制品的主要成分是蔗糖，但也包含一定的糖类替代物，比如葡萄糖……同时，出口跑鞋到美国的出口商，为避开对橡胶鞋类征收的高关税，使用皮革制作鞋面的大部分，从而有资格享受对皮革鞋的关税待遇（110 页）。

在自愿出口限制和类似出口抑制安排的案例中，贸易壁垒的无效性甚至比其在进口关税的案例中更明显。针对不能成功地直接加以拒绝的贸易保护要求，协议国家有充分的理由选择损失最小的方法，这时倾向于选择自愿出口限制和类似的出口抑制安排，而不是选择第 19 条许可的关税。我最近认为（巴格沃蒂，1986，1987），"自愿出口限制作为有漏洞的贸易保护"模型，可以解释为什么贸易保护的破坏效果也许已经被阻止了；一些行业（如鞋类）看起来有支持该模型的两种特征：

● 产品是易于转运的无差别商品（诸如服装和鞋类等价格较低廉的品种），具体做法是把受自愿出口限制的国家的商品冒充为不受自愿出口限制的国家的商品，逃避原产地的规定。

● 低启动成本和随之产生的短投资回收期，便利了把投资（及其产品）转到自愿出口限制不涉及的邻国，从而通过该国企业向不受自愿出口限制影响的国家进行"投资转移"，出口国能以一定的成本避开自愿出口限制。①

在此类行业中，自愿出口限制能为受其困扰的出口国家带来"接近自由贸易"的解决办法。这些国家合法地（通过投资转移）和不合法地（通过转运）利用"自愿出口限制不适用于第三国"的事实，能够继续从其比较优势中获利；而进口国家的关税有适用于第三国的原则。② 因此，易于理解受到自愿出口限制困扰（而不是受到进口关税打击，如关贸总协定第 19 条要求的那样）的出口商保持柔顺的态度。③

但是问题随之而来：为什么受保护的进口国家更喜欢这一"有漏洞的保护"呢？这不是意味着对行业给予的贸易保护少于相应的进口抑制措施会给予的吗？事实确实如此，但这正是它的吸引力所在。

如果一国的行政部门具有我上面提到的支持自由贸易的倾向，而其立法者必须对来自各选民团体的贸易保护压力做出反应，那么一个聪明的行政部门会顺理成章地偏好使用有漏洞的贸易保护，在确保自由市场准入的同时仍然表现出对来自立法者或选民的贸易保护政治要求的让步。无疑，赞成贸易保护者的选民和他们的立法代言人最后会对持续不断的进口提出控诉，但行政部门将能把它的自愿出口限制行动作为实行了贸易保护的证明提出来，答应调查控

①　这一策略考虑到出口商收回投资成本，因为在自愿出口限制扩大到覆盖这些选择的来源地（或者直到政治压力平息，取消自愿出口限制，这在美国鞋类进口案例中发生过）之前，通常还有些时间。

②　当然，这个例子的自愿出口限制仅代表了局部的对自由贸易解决方案的次优近似，它仍保留了合意的但不可行的选择。而且，不是所有的出口国家都能做出灵活精明的反应，这种反应构成上面提到的有漏洞的贸易保护模型的基础。

③　另一方面，就有效的自愿出口限制而言，实际上贸易会受到限制，我们不能解释为什么尽管有自愿出口限制但贸易仍然增长。但是，在这些案例中，相对于进口关税，从进口到出口国家（稀缺进口货）的租金转移一般伴随着自愿出口限制，这也是它们吸引出口国家的一个原因。对自愿出口限制的租金转移基本原理的理论和发生条件的分析，参见布雷彻（Brecher）和巴格沃蒂（1987），以及迪诺普洛斯（Dinopoulos）和克雷因（Kreinin，1987a）。

诉，也许使其他国家进入自愿出口限制的网络中，继续使问题模棱两可，延长无效的贸易保护期。① 于是，在行业对存在有效的外国竞争的事实做出调整前，只要真相尚未大白于天下，那么自愿出口限制的不透明性就会成为继续进行比较自由（虽然不是完全自由和无扭曲的）的贸易的一个有利条件，而不是障碍。

在提出这一观点时，对于前述有差别的贸易限制的增多，我并不感到安心。如果它们成为一种持久的贸易体制，我们实际上将会转向用一种定量的系统来监督国际贸易，这与好的经济学（good Economics）暗示的一切相矛盾。那是让·图姆利尔（Jan Tumlir）所担忧的。② 他长期指导关贸总协定秘书处，颇有声望。事实上，他担心固定数量的体制早已存在。我建议从更好的角度去看这些惯例：它们指出，在过去十年，面临贸易保护压力复苏的艰难局面，政府以灵活和有魄力的方式，努力保持着支持自由贸易的倾向。

这一良好的评价仍留存下列问题有待解决：应该对制度做出何种改变，以防止这些惯例获得长期的合法化并破坏固定规则的贸易体系？我会在更为靠后的章节中回答这一问题。下面我将考察世界经济的变化通过影响利益集团如何对贸易保护问题施加压力。

----

① 政府的"两面派"观点是芬丝彻－巴格沃蒂（Feenstra-Bhagwati, 1982）的有效关税模型的基础。该模型假定政府的一个追求特殊利益的部门与贸易保护游说者之间的相互影响，进而颁布政治经济学性质的关税。政府另一个追求国家利益的部门利用这个关税产生的收入，贿赂游说者接受危害较小的关税，仍然使得其境遇与在政治经济学性质的关税的条件下一样好。

② 参见图姆利尔（Tumlir, 1985）。

第4章 结构变化和相互依赖

在本章的开头，让我先来说说 20 世纪 70 年代石油价格暴涨和之后产生的宏观经济困难对贸易保护主义兴起的影响。

实际上，高失业率、产能过剩、普遍萧条和贸易保护主义抬头——这些自两次世界大战期间就被经济学家认为显而易见的现象——之间的联系已经被计量分析证实了。塔卡什（Tackacs，1981）对 1949 年至 1979 年间美国寻求进口保护的产业所提出的保护申诉数量的时间序列数据进行了分析，发现由此

所测量的保护压力确实是随着宏观经济条件的逐步恶化而不断上升。实际国民生产总值越高，失业率越低，产能利用率越高，则保护申诉案件就越少（塔卡什，1981，689 页）。①

一、结构变化

但是，由 20 世纪 70 年代末的宏观经济恶化和 80 年代初的衰退所释放出来的贸易保护主义力量由于世界经济的结构变化得到了进一步加强。

日本和新兴工业化国家（the newly industrialized countries，NICs）作为重要的制造业竞争者登上了国际舞台，而美国在世界收入和贸易上的地位下降。前者给特定工业的调整带来了新问题，甚至引起了对去工业化和它会给个人福利带来神话般难以理解的恐怖影响的普遍担忧。后一个结构变化给美国带来了心理上的创伤。因此而导致的"逐渐缩小的巨人"综合征使很多美国人难以接受新兴贸易国家的成功，而且有一种倾向认为这些成功应归于不公平的贸易活动和秘密的非法策略。这种怀疑似乎证明了报复性保护是合理的，并且要求对贸易对手采取数量限制。

---

① 凯森等（Cassing et al.，1986）提出了一个有趣的理论，论述美国不同地区的利益差异如何通过在经济周期的低谷时加强保护主义的压力，从而形成一种关税周期。他们的观点基于美国的老进口竞争地区比老出口导向地区拥有更强的政治势力。这随之造成了一种动态效应："当总体经济条件较差时，老进口竞争地区会加入保护主义联盟，关税压力将上升。虽然与此同时老出口导向地区会加入自由贸易联盟，在一种老进口竞争地区的势力超过老出口地区的政治体制下，两种地区之间的活动会更有利于保护主义。与此相反，在经济周期的高峰期，当两种地区放弃了各自的联盟，保护主义联盟则会丧失更多的政治力量。因此在经济高峰期，自由贸易者更有机会胜出"（860 页）。

1. 双重挤压

日本和太平洋"四小龙"(新加坡、中国香港、韩国和中国台湾)[①] 出口的增长,以及其他新工业化国家(如巴西)和新出口贸易国(如马来西亚和泰国)略微逊色但仍引人注目的出口表现,已给经济合作与发展组织成员国的特定产业带来了麻烦,使它们有必要对这些变化作出调整[对新出口贸易国出口表现的详细分析参见休斯和纽伯瑞(Newberry,1986)]。

一般来说,对于一个比其他国家增长更快的国家,难免会招致来自其他国家国内受冲击工业对其出口增长的抱怨。20 世纪 30 年代以来日本就面临这一困境。虽然那时日本还远没有占主导地位,日本的外交官整日忙于与美国、英国、澳大利亚和其他贸易伙伴国就铅笔、电灯、安全火柴和其他产品进行自愿出口限制的协商,这些国家对日本的贸易以前通常都是顺差。当前的顺差地位又进一步加重了日本的困难。但是,即使日本消除了贸易顺差,它仍会招致愤愤不平的竞争者的贸易保护主义讨伐(参见巴格沃蒂,1986b)。

需要进行产业调整的问题被来自新工业化国家和新出口国家的出口同时增长加重了。双重挤压给支持自由贸易的主角带来了双重危险。它不仅增大了特定产业调整的压力,而且给处于制造业两极的产业都带来了压力。在老的劳动密集型产业与新出口国和新工业国进行较量的同时,新的高科技产业也面临来自日本和其他较为发达的新工业国的竞争。由于夕阳产业和朝阳产业都面临明显的严重威胁,一些国家,尤其是美国和英国担心只有"焦阳产业"(最高端的产业)才能生存,而它们最后只能落得悲惨的去工业化的下场。

---

① 当我在开玩笑时想到这个名称的时候,"四小龙"这个流行的称号看起来很合适,因为这些太平洋国家和地区超乎寻常的经济表现使其在发展中国家中形成了一个单独的阶层。它们也被称为"四小虎"。

因此，美国政治家沃尔特·蒙代尔（Walter Mondale）在1982年抱怨道："过去我们一直在应该升起美国国旗的时候升起了白旗……我们想让我们的孩子们以后怎么做呢？围着日本的计算机打扫房间吗？"[①] 在其1984年失败的那次总统竞选中，蒙代尔描绘了一幅美国人被沦为只生产令人厌恶的麦当劳汉堡包而日本人占据了美国所有工业的画面。更具讽刺意味的是，这可能还让人们联想起美国儿童在寿司店摇晃年糕的画面。

对于去工业化的恐惧也煽动了急于寻求保护的落后产业的工会领导。国际服装工会的Sol Chaikin就抱怨说："因为服务业已经没有多少高薪的工作了，制造业的缺乏必然会给整个经济带来普遍的生活水平下降……如果不对贸易和跨国公司的投资行为进行限制……美国最终只能失去制造业"（1982，848页）。但是他的悲叹与美国著名记者西奥多·怀特（Theodore White）最近的话相比仍显得苍白无力。怀特声称："日本人正在发起历史上新一轮最辉煌的商业进攻，他们到处摧毁美国工业"（1985，23页）。

压力之下的特定产业的不安情绪使贸易保护主义部门的利益得到了提升；而贸易保护主义者通过对"国家利益"进行重新定义使对去工业化的恐惧进一步升级。（后一现象是普遍的和重要的，因此我将在第5章对去工业化综合征的经济不确定性进行考察。）

2. "逐渐缩小的巨人"综合征

对于美国，问题被国民经济地位的相对下降进一步复杂化了。虽然美国仍是主导力量，但是由于日本已经从第二次世界大战后的灰烬中站起来，而其他太平洋国家也登上了世界舞台，美国的支配地位受到了侵蚀。

这和19世纪末的英国有着惊人的相似。在两种情形下，巨人

---

① 《纽约时报》，1982年10月13日，A3版。

的缩小都造成了贸易保护主义的激烈反应,而国际制度中促进自由贸易的尝试步履维艰。[①] 沃尔特·李普曼(Walter Lippmann)将20世纪称为美国的世纪。同样,19世纪是英国的世纪。在19世纪末,英国逐渐丧失了其政治和经济的卓越地位。20世纪结束时美国也面临同样的情形。林德(Linder,1986)曾宣称太平洋世纪已经到来。

伴随着拿破仑一世的战争的终结和工业革命的到来,英国成为无可匹敌的领头羊。第二次世界大战的结束,以及欧洲和日本工业生产能力的破坏使美国获得了相似的地位。但是一旦其他国家实现了工业化或者重新获得了工业发展的潜力,这两个国家都不能再祈望保持它们的地位。(当然,一个区别是美国鼓励和促进了欧洲和日本在第二次世界大战后初期的经济复苏,而英国却没有积极地促进欧洲大陆和美国的工业化。)

英国和美国不可避免的相对衰落,表现为其在世界经济中的规模相对下降。

从1870年到1913年,英国占世界工业生产的份额从31.8%下降到14.0%。在同一时期,德国的份额有所增长,而美国的份额从23.3%扩大到35.8%(参见图4—1)。相似的,第二次世界大战后美国占世界产出的份额不断下降。1950年美国占世界总GDP的40.3%;到1980年这一数字下降至21.8%。同期欧洲占世界GDP的份额从21.2%上升到了29.8%,而日本的份额从1.6%上升到了8.8%(参见图4—2)。同期发展中国家的份额从12.7%增加到了17.9%(UNCTAD,1983,446-447页)。

两个国家占世界贸易的份额也不断下降。从1880年到1913年,英国占世界制造品出口的份额从41.1%下降到29.9%。同期美国的份额从7.8%扩大到12.6%,而德国的份额从19.3%增加

---

① 这里我再次广泛引用了巴格沃蒂和欧文(1987)中的内容。

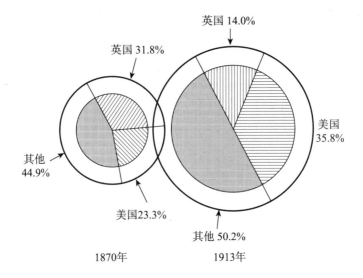

图4—1 1870年和1913年英国和美国在世界工业生产中的份额

资料来源: Crouzet, 1982.

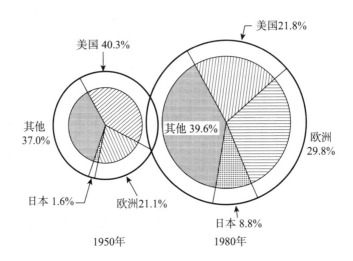

图4—2 1950年和1980年美国、欧洲、日本占世界GDP的份额

资料来源: 联合国贸易和发展会议 (1983)。

到26.5%［索尔 (Saul), 1965, 12 页］。1950 年, 美国出口占世界出口总额的 16.7%。在这一时期, 欧洲的份额从 33.4% 上升到

40.4%，而日本的份额从 1.4% 上升到 6.4%（联合国贸易和发展
会议，1983，2、3、35 页）。

英国在世界经济中支配地位的下降导致了保护主义情绪上升，
并要求取消英国的单边自由贸易原则。美国也遭遇了类似的保护主
义压力。就像早先发生的情况一样，当今的运动再次尖锐地指向新
兴的成功对手。今天的太平洋国家，尤其是日本，与美国针锋相
对，正如当初的美国和德国之于英国一样。①

在 19 世纪 70 年代和 80 年代，英国目睹了全国公平贸易联合
会、保卫英国工业全国协会以及互惠主义公平贸易协会的兴起。今
天，美国听到了充分互惠、"公平竞争"以及"公平贸易"的呼声。
所有这些都是针对新兴的成功经济对手的，而且建立在自利的"我
比你更开放"的假设基础之上。

英国的公平贸易者们试图扭转长期以来对单边自由贸易的信
奉，并最终导致了保护主义压力的上升。而美国的公平贸易者们则
努力成立一个促进贸易的专门机构。当然这个机构无论在意识形态
或政策上都不是单边主义的。"外国市场都是封闭的而我们的市场
是开放的"，这样的观点反映了英国时代的政策和现实。但是今天
对于美国来说就不同了。鼓吹公平贸易更能反映一个正在失去世界
经济霸权的国家的心理情绪。这使人们认为，如果市场更为供不应
求，而日本成功地占有较多市场份额，按照事实本身这便是日本的
贸易壁垒难以测量和具有非对称性的证据。

事实上，日本的关税在世界上是属于最低的。然而，人们引用
大量轶闻来证明日本一直以一种不透明但有效的方式大肆保护其制
造业，并且将进口限制在合理的水平之下——实际上，像其他国家
一样，日本的一些做法是很愚蠢的。如果考虑到随后所受到的严格
审查，这些做法是不明智的。例如，我就听说荷兰将郁金香鳞茎出

① 英国支持通商互惠的人瞄准了由德国和美国所挑起的"蓄意的和致命的竞争"，
这与最近贸易上憎恨日本人的情绪可以相提并论。参见巴格沃蒂和欧文（1987），119 页。

口到世界各国但不包括日本，因为日本坚持将它们从茎干竖直地切到中部来检验，而即使日本人有独特创造力也不能将它们再合二为一。但是，我们训练有素的经济学家不应根据轶闻来看问题。当这种轶闻来自有利益关系的出口商时，这些论据可能是为其利益服务的。此外，因为从轶闻的大量发生推断出保护主义的影响扩大可能是无正当依据的，这些论据可能会误导我们。

这是新型的英国轻便随身听样机！为什么你们国家的人们不购买它呢？

这幅选自伦敦《每日邮报》（*Daily Mail*）的漫画嘲笑了保护主义者对外国竞争者的不公平贸易行为夸张且有失公允的辩解。

因此，重要的一点是我们应注意到在日本保护主义的问题上最近的数量经济研究是有分歧的。萨克森豪斯（Saxonhouse，1983）的早期成果和诺兰德（Noland，1987）最近的复杂分析，都强有力地证明：我们不能振振有词地声称日本进口的数量比我们根据跨国的证据所期望它进口的数量要少。巴拉萨（Balassa，1986）修改了萨克森豪斯的回归方法，他认为日本的进口与国民生产总值之比是很低的。劳伦斯（Lawrence，1987）（他只考察了产业内贸易）也发现日本的进口很低。但是大多数的专业人士对日本采取不公平和不对称的手段使外国的制造品难以进入其国内市场的论断持怀疑态度。即使日本的进口低，这也许是由于文化的原因，而非秘密和非法的贸易活动所造成的。然而，猜疑声四起；确实，坚信日本使用了欺诈手段的观点经常是不可动摇的。

因此，上述"双重挤压"直接对贸易保护主义论调起了煽风点火的作用，而"逐渐缩小的巨人"综合征通过使人们相信其他国家都在进行不公平贸易也间接起到了同样的作用。它号召采取激进的贸易立法，对不公平贸易进行更加强硬和严格的解释，为了在国际谈判中达到自己的目的不惜采用任何冷酷的手段以及对抗的策略。这从今天美国国会悬而未决的贸易立法来看是很明显的。这也很好地解释了寻求保护的利益者对报复性关税和反倾销机制的利用。

"逐渐缩小的巨人"综合征被 20 世纪 70 年代的宏观经济困难、经济增长放缓和高失业率所加强。在这一时期发生的其他一些事件也加强了美国反对自由贸易的力量。此时作为美国银行业的胜利和市场美德的证据，石油输出国组织的资金停止了向南美的流动，使世界经济陷入了债务危机。债权国给债务国带来了通货紧缩倾向。这些使美国制造业失去了拉美市场，并加深了特定经济部门的调整。

由于美国采取扩张财政政策和紧缩货币政策的组合以及大量外资涌入美国，美元升值。这使问题进一步恶化，从而要求缩小贸易部门：相对于非贸易部门，出口和进口竞争部门不得不进行收缩。这加深了它们的困难，并使它们迫切需要寻求贸易保护。实质上，由于经常项目是由资本项目所驱动的，从这一角度看美元被高估了；资本流入使美元升值，而美元升值又影响了贸易流向。

最后提到的这个问题现在已成为一个系统的问题（由于主要经济合作与发展组织成员国的金融市场史无前例的一体化，使资本账户的变化极易引起汇率的显著变化，从而给币值高估的国家带来采取贸易保护的压力）。确实，国际金融市场的紧密融合以及巨额的资金流动通过汇率的波动增加了国际体系的脆弱性，从而更容易导致贸易保护。面对这一现状，各国必须从两种可能采取的措施中做出选择：采取有管理的汇率还是有管理的贸易。

二、相互依赖

刚刚描述的结构因素确实促进了最近贸易保护主义压力的出现，但也有其他因素创造了有利于自由贸易的利益集团。利益集团的诞生源自不断加强的全球化和世界经济的相互依赖，并通过贸易和直接的外国投资表现出来。它们的影响被上个年代的保护主义所淹没了，但是它们的兴起和发展是无可置疑的。

1. 传统的利益失衡

国际经济学家长久以来就被他们对自由贸易优势无可辩驳的证明的优雅和现实政治支持保护主义的粗俗之间的不协调所困扰。这一不协调没有逃过维尔弗雷多·帕累托（Vilfredo Pareto）敏锐的眼睛。在他的《政治经济学手册》（*Manual of Political Economy*，1927）中，帕累托试图在一个统一的分析框架内通过引证利益失衡使多元政治走向贸易保护来解释这一不协调的现象[①]：

即使贸易保护主义会使财富受到侵蚀这一思想已得到充分的阐释，即使每个人都像学字母 ABC 一样普遍学习过这个原理，保护主义也只会失去一小部分拥护者，而贸易自由主义的队伍也不会壮大多少，以致这种影响几乎可以被完全忽略不计。这是因为人类行为的动机是迥然不同的。（377 页）

为了解释为何贸易保护主义的声音更易于为人所知，我们有必

---

① 帕累托的分析预示着曼瑟尔·奥尔森（Mancur Olson，1965）的开创性著作的出现。

要对社会活动的一般原则做一考察。个人所选择的工作强度往往并不是与工作所带来的利益或者这份工作使其免受的损害程度成比例的。如果某一措施 A 会使 1 000 个人每人失去 1 法郎，同时使 1 个人获得 1 000 法郎，后者将会千方百计地去获得此收益，而前一类人则没有什么动力去阻止该项损失的发生；到最后很可能那个想获得 1 000 法郎的人会获得成功。

同样，贸易保护主义给一小部分人提供了巨额的收益，而给大量的消费者每人仅带来了很小的损失。在这种情况下，采取贸易保护措施就显得顺理成章了。(379 页)

消费者反对和抵消生产者利益的做法通常不会成功。（无论是因为单个消费者所承担的利益损失是不易察觉的，还是因为为一项政策进行游说是有成本的，政策实施所带来的收益分摊到单个消费者身上极其微小。）而这并不是令贸易保护主义的反对者头疼的唯一问题。

你也可以寄希望于看到出口商会从贸易保护中遭受损失并与之进行对抗，因为如果贸易保护使进口竞争产业受益，它同时会限制其他产业的发展，其中包括出口产业。确实有大量的经验证明贸易保护制度对出口有不利影响。[1] 但这种联系需要经过深入思考才能发现。事实上，训练有素的经济学家不能掌握这种联系也很常见。那么出口商没有被普遍动员起来反对进口替代产业所倡导的贸易保护就毫不奇怪了。[2]

---

[1]　参见巴格沃蒂（1978）和克鲁格（1978）对近期证据的评述。帕累托（1927，381 页）对这个问题似乎十分确定："……我们可以从现实中找到证据来证明贸易保护通过减少进口也会减少出口。这种现象已经被很多国家的大量案例所证实。"

[2]　然而，最近对美国众议院关于汽车"国内满意度"相关法案投票的一项统计分析［麦克阿瑟（McArthur）和马克斯（Marks），1988］表明：出口利益集团，占每个州直接参与选区内制造业出口生产的劳动力的一定比例，增大了对这一贸易保护主义法案投反对票的概率。但是这项发现几乎明确表现出由全球相互依赖所产生的反对贸易保护主义的新政治力量。我将在后面讨论这一内容。

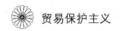

2. 相互依赖和利益变更

不仅瞄准东道国市场，也瞄准母国市场及世界市场的贸易与直接外国投资（direct foreign investment）的巨幅增长，使上述形势开始发生巨大的变化。

如前所述，即使是在经济停滞的 20 世纪 70 年代，大多数国家的贸易与国民生产总值之比仍然在持续攀升。迈克利（Michaely，1977）估计全体工业化国家的进口额与国内生产总值之比在 1973—1979 年间从 13％增长到了 17％（如果不包括石油的话，从 11.7％增长到了 13.9％）。这意味着该贸易依存度指标的年增长率为 2.9％，与 1960—1973 年间经济繁荣时期 2.8％的年增长率几乎持平。随着贸易的增长，出口市场和利益集团日益多样化，而其重要性也与日俱增。

此外，发展中国家的直接外国投资曾经一度被囿于本地市场，如今日益转向由跨国公司在一国投资生产，以获取成本优势，再出口到其他国家，从而导致了大量直接外国投资在国际间的双向流动。

在法国政治家、新闻记者塞尔旺 - 施赖贝尔（Servan-Schreiber）1968 年写的《美国的挑战》（*The American Challenge*）一书中，他对单方向流动的直接外国投资进行了惊人的描述。而那种日子早已一去不复返了。如今，国家间的双向投资更加频繁。这种双向投资不仅是两国在对方不同产业的投资，而且经常是产业内的双向投资。在同一产业内的跨国公司向彼此的本国市场渗透，有时它们甚至会将东道国生产的产品再出口到母国和其他国家。[①] 生产性的合资企业以及生产与市场的连同安排等组织形式也变得越来越普遍，这使得相互竞争的跨国公司在国际间的关系变得更加错综

---

① 1987 年本田公司（早期在美国进行投资的公司）宣布实施一项四年计划，以期扩大在美国的产量从而能够出口大约 50 000 辆汽车回日本（《纽约时报》，9 月 18 日）。

复杂。

最终，我们要面对一种可以被称为"蛛网"的现象——通过双向直接外国投资所组成的网络以及更加松散的联合，生产全球化了。这一现象的一个重要方面就是揭示并标志着支持贸易的利益集团的出现。最近，利普西和克拉维斯（Lipsey and Kravis，1986）就对美国的这一现象进行了深入的考察。

利普西和克拉维斯通过对 1966—1983 年间美国、美国的跨国公司及其拥有绝对多数股权的海外分支机构向世界各地出口的研究，揭示了两个重大事实：（1）在 1966 年，美国跨国公司的海外机构的"离岸"出口额已经相当于美国"大陆"出口额的 25% 还多，而到了 1983 年，这一比例上升到了近 75%。（2）截至 1977 年，美国母公司的"大陆"出口额超过其海外机构的"离岸"出口额（参见图 4—3）。面向全球市场的离岸生产已经明显成为突出的事实。除去美国，这一现象也被观察到存在于当时的瑞典（Blomström，1986）和瑞士（Borner，1986）的跨国公司中。[①]

这一全球化的发展趋势使得在贸易保护主义力量寻求胜利的战场上，支持贸易的利益集团和支持贸易的声音显得日益重要。而接下来支持贸易的活动大体上只是在本国对贸易保护主义进行谨慎的反驳，以避免贸易保护主义在其他地方爆发出来。一旦保护主义在其他地方爆发，其他国家的市场就会纷纷关闭，这将会使全球投资的回报率受到威胁，因为全球投资需要向世界市场出口才能获得利润。因此，支持贸易的利益集团不反对具体的对某一经济部门进行保护的行动；相反，它在更高的层次上通过动员和游说对保护主义进行更为普遍的反击。因此我们便有幸看到跨国公司的首席执行官（CEO）们怎样采取捷径来谴责贸易保护主义。同时他们也极力支

---

① 参见 Swedenborg（1982），Borner and Wehrle（1984）。

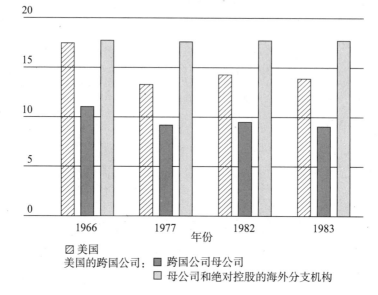

美国
美国的跨国公司：■ 跨国公司母公司
□ 母公司和绝对控股的海外分支机构

**图4—3　1966—1983 年美国出口、美国跨国公司（MNCs）的出口
以及美国绝对控股的海外分支机构（MOFAs）的出口占
世界出口总额的比例（%）**

资料来源：Lipsey and Kravis 1986.

持自由主义的智囊团以及其他各种机构［如三边委员会（The Tri-lateral Commission）］。这些机构在思想上都倾向于世界主义或者反对贸易保护主义，从而使政策向有利于维护市场开放的方向发展。

　　因此，在反对特定贸易保护主义压力的成功事例（例如，在肯尼迪回合和东京回合中建议在直接外国投资较多的产业或母公司与其外国分支机构之间企业内部国际贸易较多的领域进行更大幅度的关税减免。）中寻找跨国公司支持贸易的影响就是在一种极低的水平上寻找跨国公司影响的证据。这就好比是在市长大人的宴会上寻找一块火腿三明治一样。难怪赫莱纳（Helleiner，1977）和拉维格（Lavergne，1983）在对美国与肯尼迪和东京回合关税减免的相关数据进行回归分析之后，得出了令人失望的结果。[①]

但是"蛛网"现象的存在有时确实也会对具体的部门性保护主义形成强有力的冲击。例如，1985 年美国的半导体公司首次联合起来发起了针对日本微型记忆芯片，即 EPROMs（可擦除可编程只读存储器）的反倾销活动。值得注意的是，摩托罗拉和得州仪器都没有参加反倾销的活动。因为这两家公司在日本生产半导体并将其运回美国销售［米勒（Miller），1985］。美国国会最近试图通过有选择地禁止进口东芝公司的产品来对其向苏联出售灵敏性螺旋桨加工设备的行为进行制裁。这一举措在一开始遇到了重重阻力，因为拒绝进口大多数东芝的产品，将不可避免地会损害拥有话语权的国内消费者、生产商以及贸易商的利益。[②]

此外，贸易和直接外国投资也会通过制造"人质"驱使本来是保护主义潜在目标的某一经济部门转入反对贸易保护的阵营。在这一游戏中，如果一国特定产业的出口受到了贸易壁垒的威胁，那么

---

① 我在麻省理工学院（MIT）的学生 John Cheh（1974）较早地通过引入调整成本等变量并设立回归方程来解释在肯尼迪回合（和其他回合）中关税削减的变化。我不赞同毕崔斯·瓦卡罗（Beatrice Vaccara）、乔治·巴斯维（Georgio Basevi）等人将现存关税结构作为因变量来分析。我个人认为关税结构是众多历史因素共同作用的结果，即使得到比较显著的 R^2 值也是没有意义的。但是肯尼迪回合中关税削减的变动为我们了解影响关税的因素提供了一个很好的近似于可控试验的机会。所以 1972 年我让 Cheh 考察肯尼迪回合看看上述观点正确与否。他的研究表明：全面的关税缩减对于有劳动力调整成本压力的产业而言是中性的。我当时还对他解释说，与政府要实现自给自足和抑制奢侈品消费等一些非经济目标相似，它还要保证短期劳动力调整成本适度。科登（1974）独自对此非经济目标进行了严格的阐释：政府为极力使收入维持在现有的水平而避免任何群体的收入水平下降。

拉维格（1983）所做的回归基本上是在 Cheh 方法的基础上展开的，但是我认为以此来分析跨国公司及其影响是没有意义的（因此他所得出的成果不多也就不足为奇了）。至于具体原因，我在书中已经做了说明。

② 即使在那个时候，对限制进口的产品的最终选择还是遭到了几大美国高科技公司的反对，因为该措施会严重妨碍这些公司的生产（参见《顶级美国公司游说政府官员反对限制进口东芝产品》，《纽约时报》，1987 年 9 月 14 日）。这些公司中包括美国电报电话公司、通用电气、霍尼韦尔、惠普、IBM、摩托罗拉、洛氏国际以及施乐——它们都是美国一些最大的企业。美国商务部副部长保罗·弗里登伯格（Paul Freedenberg）曾经说道："我们所谈论的是主要的跨国公司和消费电子企业。东芝关系到成千上万个家庭。"

该国能以对对方有话语权的有效出口商设置报复性的贸易壁垒相威胁。① 一个经典的例子就是中国在最近的多种纤维谈判中对限制配额的严厉措施进行了成功抵制。中国威胁说要减少从美国的粮食进口，这极大地刺激了以出口为导向的美国农业部门的利益集团，他们积极行动起来，对政府进行了大量的游说。

3. 直接外国投资和对进口竞争的反应：不断增加的选择

贸易增长和双向的直接外国投资所带来的世界经济事实上的全球化并不是造就支持自由贸易利益集团的唯一原因。直接外国投资的潜在选择也是原因之一。作为进口竞争的一种调整方式，直接外国投资提供了一种解决贸易保护问题的备选方案，从而减少了实行保护主义的必要。

面临进口竞争的产业经常选择到赋予外国竞争者成本优势的地区进行生产。在产业不具创新性，而且只是受苦于国内产地的高昂成本时，易于采取这种反应。而处于衰退期、技术停滞或是劳动密集型的产业不太可能采取这种反应（巴格沃蒂，1982a，1986a）。当然这只是资本家的反应，而不是特定部门工会的反应（将生产转移到国外会带来失业）。进行海外投资会削弱资本家和工人这两个压力集团为进行贸易保护游说而建立起来的短暂联盟［参见：麦吉（Magee），1980］。

但是有些时候组织起来的工人似乎也懂得了这个游戏规则；他们并不反对以采取贸易保护相威胁，诱使国外竞争者到本国来投资。（例如，美国汽车工人联合会似乎有助于吸引日本企业到美国投资汽车行业，尽管它在国内政治上是站在贸易保护一边的。）这里我们可以看到的一个普遍现象就是日本出口企业在美国从事投

---

① 尽管由于国家间的联系增多，采取这种"人质绑架"手段的几率增加，但是很少有产业愿意被卷入这种策略游戏。它们也许会从对竞争性进口品的报复性保护主义措施中得到一时之利，但是之后肯定是每况愈下，因为这种保护主义措施是短视的，是一种报复行为，只会破坏固定的市场条件，并可能反过来招致报复和惩罚。

资，以"收买"公司和工会等当地压力集团，否则这些集团就会威胁将继续对关税制度施加立法压力以关闭进口市场。在 20 世纪 80 年代，这种保护主义威胁引致日本在美国的"替代投资"日趋增长。[①] 同时这也提供了一种对老式关税保护的替代方法。

三、利用出口利益产生促进贸易的动力

国际贸易的增长和外国投资在世界经济中所形成的紧密联系，无论从事实上还是从潜在影响上都成为了支持自由贸易和反对保护主义政治力量的重要新来源。

另外，值得一提的是里根政府对于出口利益的利用和培育。这一策略意在通过鼓励自由贸易利益集团的发展来抵消和限制来自贸易保护的压力。此外，里根政府也期望通过将"关闭你的市场"（即贸易保护的结果）的政治议程转向"打开他们的市场"（即自由贸易的结果）来达到目标。这是支持贸易的行政部门面对贸易保护压力上升作出的另一灵活迅捷的反应。但是这一方法存在隐患：必须注意确保采取打开市场的策略不会破坏关贸总协定体制的以下原则："规则固定"；"以最惠国待遇为中心"。具体解释如下。

为了拉拢出口利益集团，美国的贸易政策采取了以下两种基本方式：一是通过多边合作的方式尝试在新的产业部门实行贸易自由化——美国曾经忽视这些部门甚至在这些部门中反对进一步的自由

---

① 巴格沃蒂（1985b）和巴格沃蒂（1986b）对"替代式直接国外投资"作了介绍。最近日本国际贸易和工业部完成了一项对日本海外投资的调查，调查发现大部分反馈者引用替代多样性的理由来解释他们的投资决定。（感谢日本国际大学教授 Shishido 为我提供了这一信息。）随后日元与美元汇率上的巨大变化使这些替代投资赢得巨额收益，使更加常规的因素成为日本公司到美国投资的动因。

关于替代投资（quid pro quo DFI）的理论模型，参见巴格沃蒂、布雷彻、迪诺普洛斯和斯里尼瓦森（1987）以及巴格沃蒂和迪诺普洛斯（1986）。关于最近的研究，参见迪诺普洛斯（1987）和黄（Wong，1987）。

贸易——但现在认识到这些部门具有比较优势；二是采取双边合作方式，试图在开放这些部门贸易市场的同时也开放传统制造业贸易市场。

贸易自由化的多边努力主要集中于服务业和农业。美国试图将服务业加入关贸总协定谈判，甚至将服务业正式加进关贸总协定的条款，美国的努力最初始于1982年11月的关贸总协定跨部会议，最终于1986年夏季乌拉圭回合谈判开始的时候在埃斯特角城会议上取得了成功。[①] 而美国极力推行将农业加入贸易议程则是更近一些时候的事了。但是在两种情况下，里根政府都识别出了出口利益集团，并相应促进了出口游说者的增多，正如这些游说者也促进了政府工作一样。只要美国有力的市场开放策略能够将这些新部门（其在世界贸易中现实或潜在的重要性不言而喻）的贸易自由化提上议程，只要最终能够使关贸总协定的原则，例如非歧视最惠国待遇原则等，得到实施，那么这一策略将会产生巨大的社会福利效应：它在瓦解新部门旧的贸易壁垒的同时，也阻止了老部门新贸易壁垒的产生。

不幸的是，美国在早期打开国外市场大门时还有另一个显著特点：双边合作具有侵略性（bilateral aggressiveness），但是这一点是很难明确表达的。贸易保护者利用反补贴税和反倾销机制来遏制进口，而打开国外市场的策略利用对应的措施来促进出口。如果有不公平贸易的做法侵犯到了美国出口利益，那么可以依据《美国贸易法》的301条款进行申诉，而这一条款在近些年来更是被频繁使用。正接受国会审议的贸易立法依然保留了愚蠢而又危险的"超级301"条款。该条款主要是针对那些国际收支盈余的国家，要求对

---

① 考虑到印度、巴西以及其他一些发展中国家的强烈反对，采取了折中的办法，即关于服务和货物的谈判同时进行，但不被纳入关贸总协定的正式框架。关于这一程序问题及其实质意义的分析，详见巴格沃蒂（1987b）。

这些国家实施严厉的制裁。[①]

这种认为不公平贸易阻碍美国出口的假定不只是导致美国在贸易方面实施危险的立法，使得 301 条款下的诉讼案例激增。这种做法也助长了一种风气，便是认为判断市场是否开放以及市场进入是否公平的基础是"结果"而不是参见贸易规则。如果预期的出口量没有实现，那么便被确信一定存在着隐形的不公平的贸易保护措施。对于日本而言，抱怨往往导致问题的进一步恶化：美国——而不是全世界——在特定行业要设法向日本出口多少产品呢？

在不公平贸易的大环境下，以及双边存在以数量为导向的偏见，实际的结果很有可能就是退化为自愿出口限制的替代形式，我姑且称之为"自愿进口扩张"（voluntary import expansions，VIEs）。[②] 它们都背离了开放的贸易体系的原则，根据该原则，规则是重要的而数量结果并不重要。通过使出口国采用出口配额和限制，自愿出口限制限制了特定商品从特定国家的进口，而自愿进口扩张想方设法要求特定国家进口特定商品。自愿出口限制反映的是进口保护主义，而自愿进口扩张则构成了出口保护主义。

有事实表明，美国贸易政策的制定者有时也会陷入自愿进口扩张的陷阱中，因为他们毕竟承受着来自于公平贸易者以及他们在出口部门的同盟者的强大压力。在最近涉及半导体芯片的案例中，有报道说美国希望把下列保证纳入与日本签订的合约中：在目标时期内，保证日本市场上 20％份额的半导体芯片由美国厂商提供。尽管据有关报道在正式的协议中并没有对此作出规定，但是在非正式的不成文的规定中，20％这个数字将被视为衡量日本履行开放市场

---

① 最近的法案要比早期的格普哈特（Gephardt）法案显得温和一些，会对报复性的关税制定时间表，直到国外盈余消失（好像关税可以达到这种效果似的）。另外，新法案只是对由不公平贸易引起的盈余进行惩罚（好像这种计算有意义似的），表面上看来更为合理。

② 参见巴格沃蒂（1987a），巴格沃蒂与欧文（1987），以及 1987 年《世界发展报告》中的专栏 8.6。

承诺的指标。① 尽管签订了协议，美国厂商还是没能成功地向日本出口足量的芯片，这也是美国在 1987 年 4 月针对更大范围的日本电子产品采取制裁性措施时所说的一个主要原因。

与此类似的是，美国施压要求开放日本的牛肉市场，意在通过扩大日本的配额来增加产自于美国的牛肉的进口，而并非要使日本的进口体制自由化（这样做的最终后果很可能是澳大利亚在牛肉市场的竞争上超过日本和美国）。1985 年白宫新闻发布办公室发布针对日本皮革和皮革鞋产品配额动用 301 条款的消息时说："日本已经对关贸总协定委员会的决定作出了回应，即用关税来取代皮革配额，但是美国并不接受这一让步，因为这不仅对美国进入日本皮革市场毫无帮助，事实上还会使美国本来就少得可怜的市场份额更趋萎缩。"由此可见，如果用非歧视性的关税替代配额制来提供市场进入机会，美国供应商可能会输给那些更有竞争力的他国供应商。

对于这种以双边协议的、贸易转移的、固定数量的结果取代单纯打开国外市场大门的做法，韩国对美国的双向压力的反应提供了一个更好的例证。Cho（1987）的研究显示，对韩国保险市场动用 301 条款的案例的最终和解方案，并未使得外国保险公司全面地进入该市场变得容易，而是实际上给予了两家美国公司更大的韩国国内市场份额。当韩国宣布实施一项削减与美贸易顺差的计划时，首尔传来的却是贸易转移而非贸易创造的恼人消息。《金融时报》（*Financial Times*）报道称："韩国打算在 1987 年前三个季度内把几乎全部的价值高达 7.19 亿美元的农产品转向从美国进口。官员们相信：原来从阿根廷、中国等国进口的小麦、谷物、大豆以及棉花等农产品的进口转移会使得韩国从美国的进口额增加大约 2 亿美元。而对于电子、造船、钢铁产业价值约为 2.5 亿美元的零部件以及原材料的进口也将从日本等国市场转向美国"（1987 年 4 月 27 日）。

---

① 1986 年 7 月，作出了有待批准的正式协议，其中日本同意提供给"外国半导体生产商公平、平等的进入日本国内市场的机会"。1986 年 9 月 3 日，协议正式签署。

从"利用出口利益产生贸易动力"的方案到固定数量的、贸易转移的解决方案的转变，更需要人们擦亮眼睛，竭力加以抵制。我稍微感到乐观的是：对于这种转变的识别可以帮助激发纠偏的反应。处理这些事情，可以从我所谓的恐怖效应上寻求帮助：让邪恶暴露在阳光下有助于消灭邪恶。另外，虽然经济学家们倾向于关注"干中学"，但不采取行动之前的学习也是重要的。在履行起初的格普哈特修正案等愚蠢至极的法案方面，美国贸易政策的制定者表现出一定的应变能力，做出改变。在格普哈特修正案下，对美国存在贸易顺差的国家被要求在限定时间内削减顺差，否则将面临自动的报复。此外，因为美国的贸易赤字会对汇率的合理调整、美国预算赤字的预期减少以及日本的支出扩张这些因素做出反应，认为美国正在被不公平的外国贸易商围攻，随之出现了"比你更开放"的态度，引发了不明智的双边固定数量出口的倡议，这是最近出现的一种被夸大了的情绪，应该消除。

但是如果恐慌毫无道理，同样没有理由自满。最近的贸易法案，无论是参议院的版本还是白宫的版本，仍有迹象表明其在固执地坚守用双边方式来打开外国市场大门。有必要进一步清除这些事实上的保护主义条款。

此外，尚有其他令人不安的迹象表明美国在动摇对建立基于最惠国待遇的多边合作机制所作的承诺，基于最惠国待遇的多边合作机制可能变得更难以修复。下面要说的这一点可能特别重要。我已经就美国最近在使用第 24 条款上立场的反转做出评论。政治上的考虑无疑促进了美国与以色列签订协议；德斯勒（Destler，1986）注意到这项法案在众议院有 163 个发起者。[①] 政治目标也成为最近结束的美加自由贸易区谈判的基础，尽管其政治味道不那么浓。但是，正如众议院的杰克·肯普（Jack Kemp）以及参议院的菲尔·

---

① 我赞同斯内普（Snape，1987）对于最近美国贸易政策双边主义趋势的分析。

格莱姆（Phil Gramm）在最近的著作中唯一强调的，这样做的部分动机无疑是希望能够通过以下三种方式转移贸易保护主义者的压力：一是加快发展支持自由贸易的力量；二是取得扩大贸易的胜利，从而削弱保护主义者的政治劲头；三是直接利用在将要加入自由贸易区的国家中寻找特惠的保护市场的人们的出口利益产生促进贸易的动力。① 出于目光短浅，美国运用了利用出口利益产生促进贸易的动力的策略，令人遗憾地放弃了建立基于最惠国待遇的多边合作机制这一重要的前线。②

随后我将转而分析改善制度、对保护主义压力作出回应以及利用机会增强因世界经济相互依赖加深而产生的支持自由贸易的力量的必要性。这里要强调指出的是：这些支持自由贸易的新的力量确实是不容小觑的。假以时日，随着世界经济一体化程度加深，相互依赖加强，这种力量会愈加增长。如果我们是赞成自由贸易的，我们有理由为此而感到欢欣鼓舞，而一旦我们是反对自由贸易的，那处境将会是苦不堪言。

---

① 作为美国贸易代表，威廉·布洛克（William Brock）大使据说正在与一些可能参与进来的政治友好国家探讨自由贸易区安排问题。据称已经与埃及和以色列进行了磋商，同时正在与东南亚国家联盟的成员进行商讨。

② 对于像美国与以色列以及美加自由贸易区这样的优惠待遇的标准防卫，虽然它们对其他国家的参与留出了可能性，但是对于贸易游说者的力量却没有引起足够的重视，而它们反对新成员的加入。美国国会并没有认真考虑处理此问题，也没有系统地分析这些安排中的贸易转移效应所带来的有关问题。

第 *5* 章　意识形态：实例和思想

　　在第 4 章的结尾，我得出了一个乐观的结论，认为随着世界经济相互依赖程度的加深，出现了新的支持自由贸易的利益，而这种利益会持久存在并不断增长。但是正如我对第二次世界大战后贸易自由化这一引人注目的事件所作的评论中所指出的那样，利益并不是单独起作用的。应该指出：意识形态，从实例和思想两个方面，也为崇尚自由贸易的人提供了乐观的依据。在实例和思想两个领域，也同时存在贸易保护和贸易自由化两种观点。但是，自由贸易者似乎占了上风。我将对此进行详细论述。

一、实 例

1. 战后的贸易自由化

第二次世界大战后的贸易自由化浪潮，是由斯穆特-霍利关税这一反面教材所带来的支持自由贸易的倾向所驱动的；而现今支持自由贸易的倾向，则可以归功于成功的第二次世界大战后贸易自由化的示范作用。同时，有一种观点认为贸易自由化推动了（如果不是引导了）战后经济的繁荣发展。这种观点使得第二次世界大战前就存在的支持自由贸易的倾向进一步得到了巩固。

2. 实行贸易自由的发展中国家的成功

战后的经历也帮发展中国家和地区的政策制定者们驱散了曾经使他们饱受折磨的反对自由贸易的倾向，这种反对自由贸易的倾向导致了我在上文中所描述的发展中国家和地区对贸易保护非同寻常的高度依赖。那些在 20 世纪 50 年代单方面实行了自由贸易体制的国家和地区（特别是东亚的"四小龙"①）在经济发展方面的上佳表现，为这种态度的转变提供了例证。

这个现象的意义非常重大。它不仅向发展中国家证明：即使是先前人们认为不可能接受自由贸易学说的不发达国家，实行贸易自由化也会给它们带来相当丰厚的回报；此外，这也不可避免地引发了对是否保护主义而非自由主义才是这些国家成功的关键的反思。

让我们从发展中国家的贸易政策来仔细考察一下这些问题。而

———————————

① 中国台湾、韩国、中国香港和新加坡。

后我们将转到由它们所引出的更广泛的问题上去。这些问题直接触及贸易政策理论的新发展。

（1）贸易保护主义的传统

使发展中国家贸易保护主义政策合理化的传统观点认为："四小虎"成功的贸易自由化包含了支持贸易保护主义的要素。

政策引致的进口替代是一种封闭的保护主义战略，它包含四个独特的要素。这些要素在 20 世纪 50 年代不同的发展中国家和地区中呈现出不同的组合方式：

● 占主导地位的要素，无疑是对于发展中国家出口前景的广泛的悲观主义。罗格纳·纳克斯（Ragnar Nurkse，1959）非常清楚地表达了这种悲观主义思想。这种悲观论调认为发展中国家的经济增长要求出口达到一定水平，而这样的出口量无法被外部世界或其他发展中国家所吸收。这一情形决定了一国应该采取"平衡增长"的投资政策，自行生产本国所需要的产品。政府支持下的进口替代成为一种必要且有效的选择。① 事实上这种观点并不能说明应该采取无一例外的全面贸易保护，但是在实践中却恰恰导致了这种结果。经济学家也会受从众心理的影响，据此来看，20 世纪四五十年代很多颇具影响力的发展经济学家的著作都表达了对出口的担忧，也就不足为奇了。例如，保罗·罗森斯坦·罗丹（Paul Rosenstein-Rodan，1943）就认为：投资不可能由单一投资者来提供，除非同时有其他投资者的参与。因此，有必要对投资进行有计划的协调，以保护市场中的每个投资者。但是如果存在诸多国际市

---

① 用经济学的行话来说，如果纳克斯的出口悲观主义被证实是正确的，那么发展中国家在贸易中具有垄断势力，设置最佳关税来利用这种垄断势力就是合理的（这要根据我在第 2 章中谈到的报复的条件来定）。因此，保护主义的进口替代战略，如果被适当地加以调整，就是有意义的。纳克斯曾经对两次世界大战之间各国竞相制定关税并对进口实行数量限制的经历进行了深刻的分析，他对关税并没有很高的热情，但是他的"平衡增长"的政策处方要求实行贸易保护，认为这是一种最优的政府干预。

场，能够吸收投资者生产和销售的产品，这一难题也许就不会产生。① 劳尔·普雷维什（Raul Prebisch，1952）提出一个著名的、有吸引力的论点，他认为发展中国家初级产品的出口在长期内面临下降趋势，因此它们在转而生产工业制造品时不得不对本国经济采取保护。②

● 尽管对出口所持的悲观态度使贸易政策更加关注国内，在很多情况下，对于自由贸易的致命打击来自于完全不同的方面。考虑到两次世界大战之间所发生的自动竞争性货币贬值，国际货币基金组织的设计者为限制汇率的变动做了一系列规定。但是与他们的期望相反，战后的汇率体制成为一种不情愿调节的体制。特别是在许多拉美国家，汇率针对高通胀的调整缓慢，造成对控制汇率和贸易的支持以及货币的严重高估。正如我们现在所知道的，这种货币高估等同于贸易保护。③ 这也导致一些发展中国家采取了一揽子定制的"自动"贸易保护措施。例如，巴西的"近似规则"和印度的"本地可得性"（indigenous availability）原则，就是为了排斥进口。无论成本多高，只要本国有替代品（即使是不合适或不经济的）就不进口。这样做是为了"储蓄外汇"。④

● 但是我们不能忘记：即使从专业化和贸易中获益的经典理论也认为应该对幼稚产业加以保护。然而保护幼稚产业并不表明应该采取全面的一揽子保护主义；应该采取的是贸易促进（即通过不歧

---

① 罗森斯坦·罗丹也使用过"平衡增长"这个词，但是他的观点却与纳克斯完全不同。阿尔伯特·赫希曼（Albert Hirschman，1958）建议通过减少进口来刺激投资，其实这也是一种悲观主义的想法，因为只有当国际市场不能完全或者自由进入时，才有必要培育国内市场（除非假定对国外市场存在极端的风险厌恶）。

② 严格地说，如果市场充分发挥作用，贸易条件的长期下降这一事实本身就会促使资源转移到制造业中去，不需要任何形式的政府干预。因此，普雷维什的论点——因为他对出口悲观主义所做的前提假设不同——与纳克斯的相比，有着不同的贸易政策含义。然而它被用来证明拉丁美洲进口替代战略以及随之而来的贸易保护的正确性。对这两者的证明方式几乎是相同的。

③ 参见巴格沃蒂（1986c），附录。

④ 参见巴格沃蒂（1978）以及克鲁格（1978）。

视对外贸易的国内援助来进行支持）而非贸易保护（这一方式歧视
对外贸易）。然而，无论是幼稚产业论，还是上述平衡国际收支的
外汇短缺论都被关贸总协定一并接受了，在关贸总协定的第 18
（B）条款中，它们得到了国际的认可。

● 专业化生产初级产品对一个现代国家来说在政治上是不可接
受的。这一观念导致广泛保护幼稚产业的思想进一步深化。如果一
国的命运只是担当"伐木工和取水匠"，不管这样做多么具有经济
优势，都会降低它在国际社会上的政治地位。［奥斯卡·王尔德
（Oscar Wilde）讲了一个通过生产初级产品而获得经济繁荣的范
例，"这个世界，还有下一个世界，然后才是新西兰"。］这种对于
工业化的政治偏爱通常与相信工业有着巨大外部性的思想共存。例
如工业化产生的科学思想会促进创新和技术变革，而这些在市场价
格中并没有得到充分体现。[①] 无论对政治地位和经济外部性的考虑
在具体情况下是如何组合的，毋庸置疑的是，20 世纪 50 年代当发
展中国家刚刚独立并且严重依赖初级产品的生产和出口时，它们极
易受这类观点的影响。历史学家爱德华·卡尔（Edward Carr）在
1951 年的论著中有力地论证了这个问题：

亚洲和非洲从根本上反对的——无论这种反对在日常行动中采
取的是政治的还是经济的形式——是 19 世纪先进和落后国家之间
的世界分工，世界上一些特定地区实现了高度的工业化，而其他地
区被排斥在工业化之外。政治独立以及政治平等已经远远不够了。
这些在没有达到时认为十分重要的成就，如今看起来是那么空洞而
不真实，除非有经济独立和经济平等作为支撑……人们彻底认识到
现代化的机器工业大生产可以带来高度的物质生活水平，广泛普及
的教育和文化，以及政治及军事实力和威望。落后国家通过工业化

---

① 一些相似的信念为英国的"去工业化"学派［参见卡尔多（Kaldor，1966）］
以及美国的"制造业要紧"（manufacturing matters）学派［参见科恩和佐兹曼（1987）］
的政策建议奠定了基础。

过程步入发达国家之列——除此之外别无他路……工业发展是进步的象征。对发达国家的效仿是东方殖民地国家向西方工业化国家最后的也是最诚挚的礼赞（94页）。

这些论断巩固了加快实施贸易保护和进口替代战略的其他经济观点。

（2）贸易保护主义削弱的情况

随着战后时期的发展，上述观点逐渐被削弱。众多发展中国家二十多年工业化发展的事实表明，为优先发展工业而实施贸易保护的论调在边际意义上不再那么令人信服。但更有力的例证来自于实行自由贸易的国家，极佳的出口表现为它们带来了比其他实行贸易保护的国家更成功、更广泛的工业化。通过使外部市场与内部市场具有至少同样的吸引力，甚至通过政策设计创造出一定的优先出口偏好，这些国家冲破了国内狭小市场的限制，使新工业部门获得了飞速发展。

韩国和印度分别是贸易自由化与贸易保护主义制度的主要代表。它们之间存在着鲜明的对比。1962年韩国的工业出口额很小，到1980年却达到印度的近四倍。1970年韩国工业部门的规模不到印度的25%（根据增加值衡量），而到了1981年这一比例已经上升到60%。贸易自由化国家与贸易保护主义国家在工业化方面——不只是在总体经济增长方面——相差如此悬殊，这使得认为贸易保护有利于发展中国家工业化的旧观点失去了它的吸引力。[①]

但是最主要的变化还是不情愿的汇率调整模式的消亡，以至于货币高估不再是贸易保护的重要原因了。"四小虎"的成功经验极好地证明了（尽管不是独一无二地），撤销反出口政策、建立优先出口偏好能够极大地增加出口。这也说明了纳克斯等为贸易保护辩

---

① 比较旧的观点以一种静态概念为基础，根据这种观点应该进口初级产品，出口工业品。但是随着工业化的深化，保护主义政策通过创造出反对出口的倾向限制新产业在国内生产。

护的出口悲观主义是没有依据的。事实上出口的提高也会很好地映射到更好的经济表现上来——这一点不仅在"四小虎"的例子中得到了充分的印证，也得到了对这些国家进行的更好经验研究的证实，而当其他国家在整个 20 世纪 60 年代以及 70 年代早期贸易自由化进一步加深时，对这些国家的时间序列分析也证实了这一点。①

学术界的正统观点因此也从先前强调贸易保护主义的优点以及随之产生的进口替代战略突然转而强调贸易自由化的优点以及相应的促进出口的外向型战略。

（3）政府的作用

在向更加自由的贸易体制持续转变的过程中，大多数发展中国家或地区的政府并不是自由放任的。已经完全放弃贸易保护、实施自由贸易的经济体的政府也不是自由放任的（中国香港除外，或许新加坡也除外）。如果有人想在一个存在消极政府的背景下去寻求这些经济体的经验对自由贸易的支持，这样的事实会给他带来明显的困难。对这些国家的政策组合的解释必须小心谨慎。

韩国和中国台湾都不是具有天然外向倾向的"城市型国家或地区"（如中国香港和新加坡）。政策向出口促进战略的转变其实是通过以下几种方式实现的：首先是货币高估程度的大幅降低和随之而来的贸易保护程度的降低。其次是采取出口激励措施抵消了对出口不利的剩余偏向（the residual bias against exports）的作用。实际上通过使平均出口激励［即经济学家所称的出口有效汇率（effective exchange rate on exports），缩写为 EERx］大于平均进口激励［即进口的有效汇率（effective exchange rate on imports），缩写为 EERm］，出口刺激措施的作用超过了对出口不利的剩余偏向的作用。在这种制度下，先前制度下的反对自由贸易的倾向已经消除

---

① 据我所知，主要有经济合作与发展组织、美国国家经济研究局（NBER）、世界银行，以及我在第 1 章中提到的德国基尔世界经济研究所项目的分析。

（正如向自由贸易的转变所能起的作用那样），但是对于特定产业仍继续实行有选择的激励。完全的自由贸易是不会允许这种持续的选择性安排的，同时也不会允许净出口激励（EERx＞EERm）的存在。这一政策与完全的自由贸易的偏离反映出一个积极的政府与私人部门之间的共生关系。

让我对这种政策组合的建设性提供一些程式化的解释，并分别考察一下纯粹的自由贸易倾向和政府的作用。

对于这些成功制度的经验研究显示，它们的一个典型特点是政府明确地表示要促进出口，并辅以补贴或者信贷机制。然而，对于补贴的量化分析显示，补贴对于出口刺激并没有额外的贡献，而仅仅是刺激了在国内市场上的销售。[①] 现在对于净出口补贴的理论观点已经是众所周知了。例如，对于发展中国家，企业在出口市场上所面临的外部性与国内市场上类似的外部性不能同日而语。因为出口市场上要求投资者向外国购买者推销自己的产品，而这些买家对该国出口该产品的能力并不熟悉，这样该国的其他搭便车的潜在出口商会从这项投资中获得同等的回报。[②]

但是在某种情况下，净出口补贴也是有作用的。净出口补贴使人们更加相信政府会维持一种稳定的政策框架，保护出口促进战略在可预见的将来免受随机的或是系统性的干扰。这就促进了外国市场开发中对资源和企业家精神的投资。这也许就是发展中国家采取净出口补贴的一个重要而显著的原因。政府在发展中国家几乎总是

---

① 用正式的术语来讲，计算的 EERx 超过 EERm 的量是正的，但不大。实际上，它比进口替代战略制度下 EERm 与 EERx 的反向差额要小得多。

② 参见巴格沃蒂（1968）和梅尔（Mayer，1984）。还有一些其他的关于出口补贴的理论观点；例如，格拉夫（Graaff，1949—1950）和芬丝彻（1986）明显认为最优关税结构可以包括一些补贴；肯普（Kemp）（1966）—琼斯（Jones）（1967）对于在国际资本流动的模型中资金流与贸易税以及补贴的最优组合的分析会产生出口补贴。同时也有关于用进口关税和出口补贴来代替货币贬值的观点，以及关于用出口补贴来抵消在高估的汇率体制下的反对自由贸易倾向的观点（巴格沃蒂，1968）。因此，令人吃惊的是，最近一些用寡头垄断模型来创建出口补贴理论的经济学家断言传统的国际贸易理论不支持出口补贴。[例如，参见克鲁格曼（1986）的几位撰稿者对这一效应的特别论述。]

比在发达国家发挥着更明显的作用，因此在发展中国家保证一项战略不被其他政策压力和目标所破坏相应地就更为重要。

或许对于出口激励政策框架最有说服力的例证在于"干中学"以及动态的规模经济能够带来利益，这同时也经常被用来作为保护幼稚产业的口实。传统的分析〔如阿罗（Arrow，1962），巴德汉（Bardhan，1970），肯普（1966）以及克鲁格曼（1984）〕总是简单假定学习效应会在生产中自动地产生，在这一学习的过程中，市场并不能使受到保护或促进的幼稚产业的厂商完全获得这种收益。[1]

另一方面，发展中国家中无数的公司和行业没有从受保护的幼稚状态中走出来。问题源于这样一个愚蠢的假设："干中学"的效应会自动产生。任何有过教学经验的人都知道，学生们可能将知识背得很熟，但依然不得要领。苏联生产了数不尽的 Lada 牌轿车，你我不生产这种轿车也可以过得很快乐。确切地说，技能的提高取决于在适当的环境中进行生产。保护主义壁垒森严的国内市场环境与贸易自由主义倾向的国际化环境的显著差异，是学习过程形成不同结果的关键原因。

保护主义的"干中学"学派开出的政策"处方"是错的，因为他们的关键假设建立在一个错误的前提上。必须坚决摒弃不管生产什么企业都会获取"干中学"效应的假定。为此我想起托马斯·巴洛夫（Thomas Balogh）建议我如何驳倒米尔顿·弗里德曼时所说的话："只要弗里德曼说到'让我假设'这几个字，马上打断并告

---

[1]　克鲁格曼（1984）主要专注于这些具有规模经济的贸易保护如何能够最终导致企业的出口。巴斯维（Basevi，1970）和庞弗雷特（Pomfret，1975）也做了类似的工作。我强调过〔参见巴格沃蒂（1986b）〕：这种荒谬的现象在不产生规模经济的情况下也能存在。这完全是因为事实上贸易保护允许被保护的国内垄断厂商实行价格歧视并且导致出口，而自由贸易会打破垄断并导致进口。在我的例证中，福利状况肯定会恶化。这种情况在很多发展中国家甚至其他一些国家，较之克鲁格曼强调的规模经济带来的更加乐观的可能情况，更为普遍。

诉他'我不这样假设'。因为你一旦让他按照自己的需要假设下去，那么结果就不会是你喜欢看到的那样。"在这个例子中，结果不一定不愉快，但是这种结果几乎肯定会鼓励荒唐事并且带来伤害。

这又将我们带到成功的远东国家中政府的角色这个较为一般的问题上来。正如贸易和国际收支的学生早有所知的那样，这些国家——包括日本——的政府非常积极并且对经济的参与度很高。[①]这样说并不否认其他人有不同看法。例如，在《自由选择》(Free to Choose)的其中一章里，米尔顿·弗里德曼将日本刻画成市场的优越性超过政府的典型。作为当时项目委员会的一员，我对此的评论是，可能日本的这只看得见的手对他来说是看不见的，但是对日本人来说确实不是看不见的。可是我们也要原谅弗里德曼沉迷于自己的经济信仰；我们每个人在一定程度上都是自己信仰的俘虏。毕竟，如果决策者不遵循我们所偏爱的政策，经济奇迹怎么会发生呢？回想一下公共物品，它的一个特性就是在一个人享用的同时并不会剥夺其他人享用的权利和乐趣，借此我推出了以下法则：经济奇迹是一种公共物品，每个经济学家都可以从中看到自己偏爱的理论的证明。

关键问题不是在这些远东经济体中是否存在政府干预，而是这些成功的经济体如何使它们对经济的干预以及所做的战略决策比那些不成功的经济体好。这是个复杂的问题，但是我们依然能够尝试得到一些程式化的答案。

远东国家政府在对私人部门的政策方面与其他国家的一个重要区别是，政府基本上是发布指导型而不是禁止型的政策〔巴格沃蒂（1978），第八章〕，而诸如印度这样的国家所做的却恰好相反。总是发布指导型政策的政府通常比总是发布禁止型政策的政府会创造出更出色的经济表现。这有两方面的原因。

---

① 例如可以参见巴格沃蒂（1978）第八章。

第一，尽管发布指导型政策的政府也许与发布禁止型政策的政府一样出台糟糕的政策，但是发布禁止型政策的政府往往会扼杀创新精神，而发布指导型政策的政府通常会给创新留出一定的空间（在指导范围以外）供其发展。这样，尽管每个政府对现存资源的分配都可能造成同样的扭曲，但是发布禁止型政策的政府易于抑制科技变革和企业家活动，从而影响经济增长。图 5—1 对此进行了说明。OAB 是生产可能性集合。（假设给定的资源和技术只能生产白蜡和陶瓷。） P^* 是最优产出点。如果政府干预使经济偏离点 P^*，发布禁止型政策的政府将使其偏离到点 Ppros，而发布指导型政策的政府将使其偏离到点 Ppres。相比之下，后一种情况可使生产可能性集合迅速扩张。由于对创新的抑制作用较弱，并且允许人们从事政府限制范围以外的活动，生产力会获得较快增长。正如箭头所示，在发布禁止型政策的体制下存在更大的抑制效应。

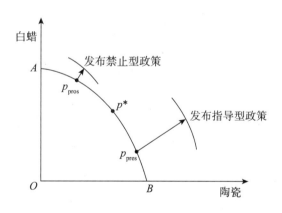

图 5—1 抑制效应

发布禁止型政策的政府对于创新的抑制作用要高于发布指导型政策的政府，导致生产可能性扩张速度下降。

第二，在发布禁止型政策的政府制度下，企业家为了规避管制倾向于将资源运用到非生产性方面以获取收入。[1] 相反，发布指导

———————

① 这些被认为是直接非生产性寻利（DUP）活动（见 87 页的注释 2）。

型政策的政府对这种非生产性活动提供了更少的激励，因为指导性
的规定为创新留出了很大的空间。如图5—2所示，点 Ppros 的扭
曲导致了现存生产可能性曲线向内侧更大幅度的移动。DUP
（DUP 是 Directly Unproductive Profit-seeking 的缩写，意思是直
接非生产性寻利——译者注）效应对发布禁止型政策的政府的伤害
更大。

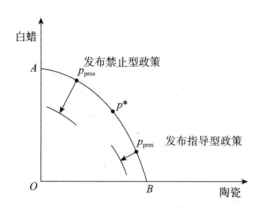

图 5—2　DUP 效应

与发布指导型政策的政府相比，发布禁止型政策的政府会导致更多的 DUP 活动，
资源使用上的浪费导致生产可能性更大幅度的收缩。

　　发布禁止型政策的政府更可能对抗私营企业家；而官僚和政治
家们往往成为对抗的领导者。与此相反，发布指导型政策的政府看
起来却能与私营企业家建立共生关系。日本和印度为这种对比做了
清楚的诠释。日本通产省（MITI）与日本企业之间关系紧密，但
是在印度，计划者与私营企业家之间却不是这样。政府与私营企业
家的共生关系有两个好处。首先，在致力于为某一特定产业制订计
划的过程中，政府可利用私营企业家族对产业的熟悉这一点——这
种专有知识是官僚们得不到的。其次，这种共生可以提高政府对某
一经济战略（如外向型导向）的承诺的可信度。如果日本通产省同
意一项经济方案或计划，那么就可以相信它会制定一系列的政策来
支持这一方案，而不必担心政策会丧失连续性。

（4）第一悲观主义和第二悲观主义

毋庸置疑，远东经济体的成功在改变发展中国家的观念上功不可没。它们开始认识到以外部市场为导向的好处——因此开始单方面对原高度保护下的外部贸易和国际收支制度实行自由化。这些成功的案例证明了 20 世纪 50 年代"第一悲观主义"观点的谬误。该观点认为由于自然的外部约束，无法为不断增长的出口找到市场。但是在 20 世纪 80 年代的今天，又有迹象表明存在一种新的悲观主义。

"第二悲观主义"并不是建立在市场不存在这一观点的基础上，其更多的是源于一种悲观的估计，即认为一旦进入到别国市场，当地保护主义就会使本国市场封闭起来。[①] 除非人们极端地认为任何出口扩张都会导致对贸易的限制性约束，从而使各国有理由转向纳克斯所说的"平衡增长"，这种观点需要校准的反应（calibrated response）。正如约翰·斯图亚特·穆勒对贸易垄断力量的关税所指出的那样，在这样的贸易保护主义可能实现的产业部门，缺乏国外市场的可能表明这些部门的出口商应该采取谨慎的贸易保护主义。

但是，如果我在第 4 章的断言是正确的，就有理由希望第二悲观主义也会像第一悲观主义那样无效。第一悲观主义反映的是对市场力量的悲观估计，因此唯一的选择就是通过平衡增长对其进行调整，而第二悲观主义完全是人为创造的。因此可以通过人为的行动对其进行修正。贸易国的政府可以采取行动限制保护主义并维持一种较为自由的贸易制度。

二、思　想

现实中，对于发展中国家的贸易政策以及它们所取得的不同成

---

① 关于这两种悲观主义的差异的详细说明和分析，参见巴格沃蒂（1986c），也可参见巴格沃蒂、克鲁格和斯内普（1987）。

绩（还有另外一些经验的观察）的分析，推动了贸易政策理论的近期发展。经济学的主要任务就是对经验事实和难题进行解释。在这里经济学很好地完成了它的任务。

但是有趣的是，贸易政策理论的发展有着两个截然不同的方向，一个发展方向丰富了反对贸易保护主义的论据，而另一个发展方向则扩大了有利于贸易干涉的范围。前者在理论上的突破在于其对非生产性活动的分析的增加，并将这种分析融入政治经济学的理论框架之中；而后者则与不完全竞争模式（特别是小集团寡头垄断）的增长有关。前者主要认为传统的对于贸易保护成本的分析忽略了贸易保护所带来的非生产性活动的相关成本。而后者通过将不完全性引入市场，认为传统的竞争市场分析对贸易干预提高福利水平的可能性强调不够。

1. 直接非生产性寻利活动

在 20 世纪 60 年代晚期许多被考察的发展中国家，存在下列明显而重要的发展趋势：资源的非生产性使用活动普遍增加，比如逃避关税，为取得有利可图的进口和投资许可而进行游说等。这导致对这些现象的新的理论分析有了进一步发展。克鲁格（1974）发展出寻租的概念来刻画这种为获得配额和取得溢价利润（经济学称之为租金）而进行游说的行为。而我将其发展为一个更广泛的概念：直接非生产性寻利活动（DUP）（巴格沃蒂，1982b）。[①]

这样，关于传统上贸易保护通过对生产和消费决策的扭曲所造成的"无谓损失"，现在的国际经济学家通常会增加一个获取进口许可等活动发生的游说成本的估计。但是直接非生产性寻利活动理论家早期认为这些增加的成本极高，现在这种假设已被比较适中的

---

　　① 关于此文献的全面的回顾和综述，参见巴格沃蒂（1982b）。关于寻租与直接非生产性寻利活动之间关系的解释，参见巴格沃蒂（1982b）和巴格沃蒂（1983）。塔洛克（Tullock，1967）是直接非生产性寻利活动理论的一个里程碑；也可以参见科兰德（Colander，1984）。

期望所代替。这至少有两个原因：首先，最早期的估计——尤其是克鲁格（1974）的估计，基于这样一种假设，即寻租会导致市场价值的损失，这种损失与想要获得的租金一样大：为获得一美元要失去一美元。这预先假定风险中性的游说者之间存在开放的竞争。但是在现实中，"姐夫定理"（brother in law theorem）经常是适用的：有利的游说者通常比其他游说者更易取得特许证以及由此带来的租金，这使得其他人不能使用和完全竞争条件下同样多的资源用于寻租。[①] 其次，正如斯里尼瓦森和我强调的那样，市场损失并不一定等于社会损失。如果进口配额严重扭曲了国内的初始资源配置，为了获得进口配额而转移到寻租活动上的一美元价值的资源的市场价格根本不是它的真实社会成本。事实上，在"高度扭曲"的经济中，这样的资源转移虽然是直接非生产性的，却可能会改善社会的福利，尽管这听起来有些荒谬［特别地，请参见巴格沃蒂和斯里尼瓦森（1980）］。用经济学的术语来说，从生产活动中被抽出来并投入到 DUP 活动的生产要素的影子成本或社会成本可能会是负的。[②] 虽然在生产活动中有无数像这样的"价值减法"的例子，当社会成本或价值而不是市场价格被用来进行估计时，这无疑是一种比较极端的现象。一句话，在扭曲的经济中，寻租的社会成本可能低于它的名义市场成本。而由于适时地注意到了这两种警告，直接非生产性寻利活动的文献一定会加强反对贸易保护主义的力量。

---

① 反过来，必须对这一假定进行一定的限制：要成为一个有利的游说者可能需要耗费一定的资源。

② 在理论上，这一发现意义深远，因为它表明：同詹姆斯·布坎南（1980）和公共选择学派的许多其他人的实践相反，将非生产性活动阐释为必然的福利恶化没有太大的意义。这就是为什么我要在非生产性寻利活动前面加上形容词"直接的"来限定它的原因，因为这些活动（间接地或者最终地）可以增加社会福利。因此，我用直接非生产性寻利活动来描述那些使用资源得到收入却没有产出的一般的活动。关于这些问题——它们对公共选择学派的著作和长期以来（自从亚当·斯密和卡尔·马克思开始）关于非生产性劳动和活动的争论中的直接和最终耗费的站不住脚的方程式产生了严重影响，参见巴格沃蒂（1980）、巴格沃蒂（1982b）、巴格沃蒂（1983）。

2. 收益递增、市场结构、战略性贸易政策

另一方面，国际贸易理论朝着不完全竞争模型（源于生产规模收益递增）方向的发展，将科学前沿向相反的方向推进了。

乍一看，这是荒谬的。因为在发展中国家贸易政策的分析中对规模收益递增的最初看法是，由于生产规模很小，贸易保护主义政策通过刺激厂商为狭小的国内市场生产带来了巨大的损失。进一步来说，贸易保护可能会造成国内市场的垄断（而自由贸易会摧毁这一垄断），导致传统的效率损失，还可能导致"X效率"（即偷懒）的损失。以这种方式思考，在国内市场的背景下，规模经济很大，但相对于世界市场就没那么大了。如果要规模经济发挥作用，只有（之后可能反转）提供相关的保护。在自由贸易体系下，规模经济收益无足轻重。我毫不怀疑这是对许多发展中国家的现实以及所有国家的许多产业的一个合理的近似。当然它只是强调了自由贸易下的情形。

然而，在最近经济学家对小型集团（small-group）市场结构及它对贸易政策影响的理论著作中，总是假设相对于世界市场其规模经济是大的，它们导致寡头垄断的市场结构。[①] 高科技知识密集型产业被这些理论家普遍认为符合这种结构。在这些情况下，显然不管在国内市场上还是在对外贸易中价格通常并不反映社会成本。虽然这时候自由贸易（一般来说）并不是最优的，问题在于此时应该使用什么样的干预政策完全依赖于寡头公司之间的战略互动。现在我们来考虑一个高度简化的模型［布兰德和斯宾塞（1981）首先使用这一模型］。假设有一个国内企业，一个国外企业，它们生产

---

① 在这里，我想到很多作者的名字，包括詹姆斯·布兰德（James Brander）、巴巴拉·斯宾塞（Barbara Spencer）、吉恩·格罗斯曼（Gene Grossman）、乔纳森·伊顿（Jonathan Eaton）、詹姆斯·马库森（James Markusen）、安东尼·威纳伯（Antony Venables）、保罗·克鲁格曼（Paul Krugman），以及阿维纳什·迪克西特（Avinash Dixit）。参见迪克西特（1983）的调查以及伊顿和格罗斯曼（1986）的综合分析。

同质的产品，并且生产的产品全部出口到第三个国家，这样竞争就产生了。在这里，如果两家公司采用古诺-纳什竞争策略，每一家公司都在假定对手的产出给定的情况下选择自己的最优产出水平，那么实施一项出口补贴对于整个社会来说将是最优的。但是如果在同一模型中我们假设两家公司并不是选择产出水平并让价格进行相应的调整，而是采取贝特朗（Bertrand）策略，设定价格并让产出对那些价格下的需求进行调整，这时候社会最优的政府干预将不再是出口补贴，而是征收出口税［具体参见伊顿和格罗斯曼（1986）］。在每一种情形下政府干预都会将超过名义利润之上的部分转移给国内企业，从而增加国民福利。①

由于政策干预对于寡头竞争策略的敏感性（或者缺乏稳健性）使得政策干预需要获得大量的信息，这一理论的创建者认为：如果无法确定企业的竞争策略，可能最好的方式就是不要去干预。② 另一个疑问是：是否存在（超额）利润能够通过这样的干预得到转移。这个疑问加深了认为政府不应该干预的观点。格罗斯曼（1986，57 页）对此进行了中肯的论述：

通常看起来特别高的利润率只是早先某些风险投资的回报而已。例如研发费用可能非常高，使得许多冒险事业最终以失败告终。只有在那些成功的情况下它们能够获得利润时，公司才会从事这些大型的投资。一旦市场运转起来，我们能观察到的当然就只有

① 与贸易中的垄断力量的观点作一个类比是适当的。在贸易中的垄断力量的观点中，参与竞争的公司并不能感觉到垄断力量的存在，政府通过设置最佳关税进行干预，从而充分发挥这种未被察觉的并被忽略的垄断力量的作用。在目前的情况下，企业不能可信地从它的反应曲线上移动到利润最大和福利最优的产出或价格水平上，因此政府必须进行干预，使企业的反应曲线移动，使得这个利润最大的产出或价格落在反应曲线上。

② 当传统的对市场失灵的干预政策被建议实施的时候，自然有一定的信息要求。但是在这种情况下，我们需要关于行为假定的信息，这是很难获得的。为了获得这种信息的有意义的推断，斯宾塞（1986）、罗德里克（Rodrik，1987）和其他人曾试图对此提供一些指引或简易法则。这很有趣，但说服力不够。

那些成功的公司了。然后我们可能倾向于认为利润率非同寻常地高。但是工业利润的测量应当把那些从未达到市场销售阶段的项目投资的损失考虑进去。

因此，新的理论上成立的基于收益递增的政策干预论在实际应用中遇到了困难。这种政策干预将利润转移给国内寡头垄断控制下的产业。正如经典理论开出的最优关税这一政策处方那样，由于当前的出口补贴或进口关税①主要基于国家优势的考虑，并以外国政府不会报复为前提，这些困难使情况变得更糟了。②

一国政府为了在贸易中利用其垄断力量，可以单方面设置最优关税。同样，一国政府也可以为了获得竞争优势或者将利润转化成国家优势，在寡头垄断产业中单方面非对称地实行出口补贴或进口关税。但是后者很可能招致受到侵害的贸易伙伴的报复。

具体来讲，这样的报复很可能在知识密集型高科技产业中发生，因为人们认为这类产业的规模经济相对于世界市场比较重要，而且这些产业内部也广泛认为它们自身是非常重要的。将这些产业置于本国的边境以内，往往被认为能够获得更广泛的政治和经济利益，就像战后发展中国家对待制造业那样。因此，任何外国政府的干预行为，不管与利润转移相关的优势是否存在，通常都被看作试图在这个重要的产业领域获取比在真正的市场机制作用下其应得的更大的份额。这就是为什么美国在这个问题上如此敏感的重要原因，这使美国指控日本在高技术产业采取了非对称的、掠夺性的政府干预政策并对其进行报复。

如果实行报复，也难不倒经济学家。他们能够构建一些情景，

---

① 在使受保护的产业获得规模经济，从而相对于外国企业（那时候这些外国企业还无法进入这块世界市场）具有某种竞争优势的同时，进口关税也会转移利润。参见克鲁格曼（1984）。

② 在传统分析中，策略互动仅限于政府之间，因为企业是竞争的。当企业是垄断的时候，策略互动在企业层面和政府层面都存在。

在这些情景下报复仍能使发动利润转移性博弈的国家的处境变得更好。但是，正如对为利用垄断力量而设置的最佳关税的报复行为的早期分析一样，为了实现利润转移而采取的竞争性报复政策很可能使每个国家的处境都变差。特别是当由于国际贸易的多边性使这些政策行为外溢到其他贸易政策区域或者使更多国家参与到博弈中来的时候。

为了动摇这种观点，我们不禁要问：这样的报复政策是不是应当予以鼓励，或者甚至在国家贸易政策的规则中有所体现？一些认同阿克塞尔罗德（Axelrod，1981）提出的著名的"针锋相对"（tit for tat）策略的人［例如，克拉斯纳和戈德斯坦（1984）］建议应该这样做，以使顽抗的博弈者（在重复博弈之后）能够采取非掠夺性的合作行为。在这种策略下，美国第一步规规矩矩地参加博弈，然后如果日本采取掠夺性的行动，美国将实施报复，结果美国的行动将和日本的一样。将这种策略应用到贸易政策上问题是多，这表明阿克塞尔罗德的政策建议和问题是不相干的。特别是由双边来决定另一参与者的行为公平与否，可以想象双方的决定肯定都会为各自的利益服务——对于什么是"针"（tit）什么是"锋"（tat）就会争论不休，从而衍生出各种问题。一方轻率地指责对方行为不公平并采取报复性的政策会引起对方的怨恨，甚至引发贸易冲突，阿克塞尔罗德提倡的仁慈的合作之路便走不通了。事实上，在像今天这样一个贸易保护主义的大气候下，对成功的竞争对手的报复随处可见，阿克塞尔罗德的策略很可能被那些想要通过自愿进口扩张实施出口保护主义的人所利用。[①]

由于这些原因，我强烈反对制定战略性的贸易政策，无论是想

---

① 关于对阿克塞尔罗德策略的其他局限性的一个有用的分析，参见布兰德（1985）。我要强调的是：正如初始分析的那样，阿克塞尔罗德策略起作用是因为有两个参与者，并且他们会活得和所玩的重复博弈的时间一样长。但是在国际贸易中，通常涉及两个以上的参与者，尤其是在民主国家，参与者会随着政府和官僚机构的变化而变化。

要将利润转移到本国还是声称竞争对手采取了这一策略，从而要对其实行报复。然而这些指责和担忧所引发的问题与压力，要求管理贸易政策的机构规定一定的程序，使得在有限的几类高科技产业中的人为干预所带来的优势达到一种广泛的平衡。在这些产业中，相当数量的规模经济相对于世界市场是极为重要的。稍后我会回到这个问题上来，再次强调这些程序必须是以多边合作协商机制为基础的。

三、对"制造业很重要"的困惑

在这里，有必要驳斥一下某些人的观点。最近他们倡导：因为"制造业很重要"，所以应该进行贸易政策干预。这些支持制造业的观点引起并鼓励了贸易保护主义，但是它们是建立在大量不同的谬误之上的。

● 最具影响力的观点，早在最近美国对去工业化开始关注之前就已出现，来自尼古拉斯·卡尔多（Nicolas Kaldor，1966）和他在剑桥大学应用经济学系的同事。[①] 卡尔多的核心观点是：英国不断从制造业转向服务业在经济上是有害的，因为服务业在技术发展上是停滞的，而制造业是以大量的技术变化为特征的，因此需要国家干预来保护制造业。卡尔多甚至说服英国财政大臣詹姆斯·卡拉汉（James Callaghan）颁布了选择性职业税（现已撤销），通过向服务业的就业者收税，促使服务业的劳动力向制造业转移。

卡尔多的观点存在的问题在于：他认为服务业的技术发展是停滞的。他的这一看法无疑是由传统的英国服务业部门的经验现实形

---

① 英国工业调整的压力早于美国，使得这两个国家的去工业化学派出现的早晚不同。另一个不同是，英国去工业化学派是由像卡尔多这样杰出的经济学家领导的，而美国去工业化学派则是由政治学家、社会学家和经济新闻记者组成的。

成的，例如牛津和剑桥大学外面的邮局和夫妻零售店。在今天的服务业中已经找不到类似的企业了，今天的服务业经历着快速的技术进步，这种技术进步甚至比很多制造业中的技术进步还要显著。

●另外还有一种相关的、经常被持有的假定。它认为制造业会产生正的外部性，而其他部门不会。这其实又回到了早期对于工业化的优点的一些争议上来了，例如在早期美国对制造业的争论中的观点。考虑下边的一段话〔曾被弗尔瑟姆（Folsom）和卢巴（Lubar）（1980）引用〕：

> 制造业的引入会使所有类型的知识都得到扩充，尤其是科学知识。现在对英国制造商的教育中，自然哲学和化学的基础知识形成了一个不可或缺的分支。如果没有它，这些制造商就不会发迹。没有科学知识的话，他们就不能理解并赶上制造业日新月异的进步。（190 页）

另外有一种关于制造业的重要观点，也是不应该被遗漏的。它认为除了可以被称之为制造业的直接作用和影响以外，制造业对于所有的实践艺术都是一所很好的学校。在创造性智慧的发展过程中，制造业从每种艺术和科学以及自然的每一领域中吸取了灵感和素材，从而协助了自身的发展。反过来，制造业又创造出许多的技术，并且为人类在几乎所有的其他领域中的活动提供了工具。在所有工业领域的重要分支中，凡是同机器有关的，都可能被发现直接或间接地源自一种技术，而获得这种技术只能是和制造业有关。

不管在将制造业同农业进行比较时，这种观点有什么价值，在将制造业和现代服务业进行比较时，这种观点肯定就不成立了。

●制造业甚至一度被认为可以进行人格的塑造，正如下面的这首 19 世纪的美国诗中所表达的那样：

> 从工业中，我们获得了肌肉的力量，
>
> 四肢张开，心中感受到新的激情。

不知疲倦的工业遍及神州大地,

把更多的生命力赋予灵魂而不是身体。

因此我们的人格得到塑造并且不断进步,

充满生机的火焰激励着我们勇敢前进。

这种景象给了我们心灵上的温暖,

从此我们可以在旋风中翱翔,在暴风雪中嬉戏。

(引自:弗尔瑟姆和卢巴,1980,138 页)

但是人们在保卫每一个贸易保护试图染指的经济部门时都表达过这样的情感。(发达国家的农业部门和发展中国家的服务业部门都是这种特殊请求的主要受益者。)

● 制造业的狂热支持者甚至建议:为了骄傲与荣耀,一国应该生产它使用和消费的所有产品。偶尔有人会劝告说,一个有尊严的国家必须种植自己的食物。与此相当,制造业的鼓吹者经常被一些情绪所鼓舞,就像下面 1808 年的这段话所表达的那样:

甚至我们的国旗都是由外国制造的,而我们的立法者和爱国者,当他们站在讲台上表达最高贵的爱国情操时,却身着外国制造的衣服,这不是有损名誉的事吗?更严重的是,如果我们不能独立生产,我们将在世界排名中不得不忍受二等国家的地位。如果我们最需要以及生产得最好的产品都要依赖其他国家,我们将感到自己的微不足道。(引自弗尔瑟姆和卢巴,1980,154 页)

没有比看到自己的同胞冲破国家等级的界限购买外国产品更能令那些认为应该对制造品在本国生产感到自豪的人头疼的了。如今,"购买美国货"这样的口号只不过是早期美国精神的一种体现罢了。这种精神从下面几行美国诗中可以看到:

我们应该满世界去搜罗便宜货,

用外国的礼服来使我们的祖国蒙羞吗?

禁止这样做才是我们的利益，

我们要独立自主，不要屈辱地生存，

我们要把闪着光荣的火焰的蜡烛点亮。

难道平静就像巫术，

用符咒控制着我们内心的跳跃和心灵的能量？

我向您祈求，伟大的哥伦比亚的主人，

拯救你的国家，让它远离衰落的威胁吧！

你，神圣的市场，难道会从各个地方采用奇异的方式，

来毒害自己的国家？

在寒冷的舞会上，身着单薄的纱衣，

让那些你心口上的邪恶破坏者把你包围？

（引自弗尔瑟姆和卢巴，1980，138 页）

● 然而现代美国制造业的狂热分子发展出了另外一套创新的论点。根据科恩（Cohen）和佐兹曼（Zysman）（1987，第 2 章），拥有制造业是至关重要的，因为没有本地的制造业，实现向现代服务业的转型是不大可能的，也许是不会发生的。根据这些绅士的说法，经济学家的下列观点是错误的：在经济发展过程中，制造业的下降和服务业的上升是可以预见的。这些绅士跟经济学家们就形成一种对立。[1] 让我引用他们的一段话以免有人认为这是我凭空捏造的：

在经济中有一些……其他的联系，例如作物喷粉器和棉花田、番茄酱制作机和番茄地、葡萄压榨机和葡萄园［为了回到我们对农业的关注（作为一个对应）］之间的联系。这些联系是非常紧密和

---

[1] 科恩和佐兹曼好像并不太熟悉古老的、拥有更大影响力的去工业化担忧者的英国学派。他们认为服务业和制造业是互补的，而英国学派认为二者是相互替代的。虽然这两个学派以相反的假设作为各自的出发点，它们都成功地使得它们的追随者感到同样的担忧。

具体的……联系是一种结合，而不只是一个交汇点或替换点。如果番茄农场在国外，那么你就得关闭番茄酱制造厂或者将其转移到海外。两种方法只能选择其一。

现在，当我读到关于番茄农场和番茄酱制造厂的这种深刻的论断时，我正吃着自己喜欢的 Crabtree & Evelyn 牌子的葡萄酒果酱，而英格兰种它自己的橘子确实跟我没有什么关系。

由于我在第 4 章中解释过的原因，近年来在工业化国家这些谬论获得了更大的吸引力。在早些时候已经有类似的谬论出现，它们中的很多前提假设都是错的。注意到这一点，有利于我们限制它们的不利影响。但是这把我带到所要论述的最终主题：应该如何依据利益与思想的发展趋势来对我们的制度进行调整，才能削弱贸易保护力量的影响，同时使新的反对贸易保护的力量得到巩固并发挥更大的作用呢？

第 *6* 章　制度变革

前几章从利益和意识形态的角度对最近的贸易保护主义进行了分析，并对未来趋势进行了预测。这些分析和预测表明一些或大或小的制度变化将有助于自由贸易力量的增长，抑制、阻止并扭转贸易保护倡导者的思想。让我首先概述一下制度改革的两大领域，然后对一些"认识领域"（areas of understanding）进行简要的说明。如果要避免对贸易保护主义压力的脆弱性，在这些认识领域需要对贸易政策问题作更深入的理解和评价。

一、制度变化：更好地平衡利益关系

当前制度变化的需要是明显的，这既可以使自由贸易支持者赢得更多的筹码，也使得人们更充分地去权衡贸易保护的成本。我们需要纠正现存制度的亲贸易保护主义倾向（pro-protectionism bias）。让我对可能的制度变化提出一些建议。

● 一些贸易保护主义者利用反倾销和反补贴税机制来实现骚扰或贸易限制的目的。为了最大限度地减少这些行为，可以考虑建立更公平的程序机制：通过双边或者（最好是）多边的评审机构来对相关投诉实施调查；如果投诉者的投诉行为被判决为是轻率的或者是一种骚扰，可以给予强制性的处罚；另外对实施补偿措施应当设立一个比较高的门槛（例如，在反补贴税的情况下，除非外国的补贴超过一定数量，比如说20％，否则不能采取补偿措施。不能像现在一样，针对很小数量的补贴就采取抵消措施）。

同时，对于那种对外国供应商的贸易实践实行差别与敌对待遇，以及故意对本来合法的贸易行为进行限制性"不公平"解释的行为，应进行定期备案，保证更高的透明度，从而通过教育或设置障碍来促进可能的变革的发生。

● 市场受到伤害是采取贸易救助措施的前提，但是现在对于保护行为的程序机制却允许为了伤害别国市场而寻求贸易救助。因此，如果对消费者和其他利益主体的救助措施有抵消性影响的话，这种影响仅在程序的后面阶段才应出现。如果贸易保护的经济成本和允许采取救助措施的政治利益能够被同时考虑到，这就会保证两种利益在公众感知和政治进程中得到更合理的平衡。实际上，通过让制度将贸易保护成本纳入自身的进程中去，我们就可以矫正"搭便车"问题。这种搭便车问题使消费者不能组织起来并有效地实现他们的利益。无论是否对其进行游说，制度将保证消费者的利益在整个过程中得到反映。因此，有许多理由可说明，在对保护措施进行调查的开始阶段，对一些数字例如消费者在被保护产业中维持一份工作的估计成本等进行计算时，应实行制度化。[1][2]

● 但是为了在对特定产业和公司的保护上更好地平衡相互冲突的各方利益，仅仅将这些贸易保护的成本反映到决策过程中去是不够的。在某些情况下，当允许通过贸易保护来进行救助并且使该产业得以继续生存的时候，最终还需要对这个产业收取部分贸易保护成本。[3] 在著名的对克莱斯勒紧急援助的事件中，政府的贷款担保减少了克莱斯勒融资的实际成本。接下来的自愿出口限制帮助了克莱斯勒和它的国内竞争者，却在 1983 年一年之内花费了美国消费者约 10 亿美元。[4] 当克莱斯勒、通用和其他公司安然脱险之后，得意洋洋的首席执行官们给自己发放了巨额奖金，对他们的力挽狂澜给予极大的奖励，却完全忽略了社会成本。是不是应当考虑在分配这些奖金之前把隐藏的成本从这些公司收回（至少是部分的）？显然，在这种情况下，应该设立必要的制度把贸易保护所带来的社会成本返还给国家财政部门。这项任务应该在改革日程上居于首要的位置。

二、制度变化：对调整的援助

制度调整中的一项同等急迫的改革是开展调整援助项目，不仅

---

[1] 在 1983 年，通过对汽车进口实施配额而令单个英国汽车工人保有工作的成本相当于四个英国工业工人的工资（参见 1987 年《世界发展报告》，图 8.4）。

[2] 芬格（1982）建议鼓励各国向它们的贸易伙伴国的公民公布它们的贸易伙伴国的贸易政策成本。他写到：“阿根廷人可以在日本购买电视时段来展示阿根廷家庭享受丰盛的烤牛肉大餐的场面，并且向日本的家庭显示在日本政府采取某些进口限制后他们可以享受多少烤牛肉”（376 页）。

[3] 威利特（Willett，1984）表达了相似的关注。

[4] 这个估计来自塔尔（Tarr）和莫克瑞（Morkre，1984）。

通过单边的而且通过多边的努力对与贸易保护相关的第19条进行改革。

正如我先前在第4章所强调的那样，不仅世界经济全球化的日益增长创造出了新的支持自由贸易的利益群体，传统贸易保护主义面对某一部门严重的进口压力的反应多少受到了抑制，因为它们有了新的替代选择，比如说将公司向外迁移。这样，公司经常移到国外而不是在国内为了贸易保护而大声嚷嚷。但是，当一家公司以移到国外进行威胁时（尤其当这家公司很大，而社区很小时），贸易保护主义压力很可能上升，工作受到威胁的工人会对失业发表不满的言论，社区内的其他更广泛的群体也会大声喧闹。由此带来的压力将导致海外投资计划的取消。

因此在世界经济越来越趋于一体化的背景下，有必要创造制度支持机制来减轻公司衰落或者退出的影响（从而促进公司的竞争和退出）。调整援助项目就是为了完成这个任务。与以往任何时候相比，现在调整援助项目更加重要了。

一些人认为：对影响进口竞争的调整给予援助是不合理的和无效率的；所有的改变都需要调整；应该对所有的变化都给予援助，而不应该只针对那些进口相关的变化。这种说法很有吸引力。在一个不必区分国外的和国内的社会团体的大同世界里，这种观点是成立的。但是，在现实世界里，当一些干扰被认为来自国外时，拒绝接受变化的声音就会增强。（因而需要适应变化并通过调整援助来促进变化的产生。）如果你进口廉价钢铁，让我丢掉了在宾夕法尼亚州的工作，这和因为你在加利福尼亚州建了一个钢铁厂让我丢掉工作不是一回事。这会导致对变化的更强烈的怨恨和抵制。因此不同的调整援助政策基于社会群体对于来自国外和国内的变化的态度不同。

因此一种合乎逻辑的做法就是把临时性的保护（在保护措施下提供）同调整援助（例如向工人提供再培训）结合起来。考虑到今很多政府头疼的预算约束问题（当然也包括美国政府），一种有吸引力且可行的办法是将从使用关税进行临时性保护中获得的收入与调整援助的融资结合起来，从而形成一个"闭环"[1]，这样，当一只手提供缓冲机会时，另一只手又能鼓励退出。

一个综合了三个要素的政策建议是值得考虑的：（1）保护行为应当按照第 19 条规定使用无歧视关税，而不是采用自愿出口限制的方式。（2）关税收入将被用来资助调整援助项目，可以考虑成立一个共同基金来接收这些关税收入并集中管理。（3）保护性关税必须设置明确的递减时间表。[2]

这样一种政策组合有可能提供一种可行而又有吸引力的政策选择，来代替 20 世纪 70 年代得以广泛传播的自愿出口限制制度，从而使贸易制度远离让·图姆利尔所描述的那种固定数量和歧视的噩梦境地。［参见图姆利尔（1985）］。包含这些要素的政策可使无歧视原则得到恢复（通过使用关税而非自愿出口限制），并保证安全保护措施的透明性和临时性。

对于已经到了被弃用地步的第 19 条，值得用这样的一个政策来代替它吗？我认为这是有可能的，而且可以在乌拉圭回合中对其进行探索和充分利用。它为出口国和进口国都带来了诸多好处。在某些情况下，通过向出口国收回自动出口限制所获得的巨额租金，这种政策可以使进口国获得一个明确的优势。给进口国带来的另一个优势是它们可以将这笔收入用于调整援助项目。对于出口国来说，租金的损失（或者，第 3 章中讨论过的"多孔保护"模型中的可选择优势的损失）得到了补偿，因为贸易保护是暂时的，而且由

---

① "闭环"的思想是由芬丝彻和巴格沃蒂在 1982 年讨论进口竞争及其应对时提出的。巴格沃蒂（1982c）第一章关于调整援助的部分对其进行了论述。

② 劳伦斯和利坦（Litan，1986）以及胡弗博和罗森（Hufbauer and Rosen，1986）独立对此进行了分析。他们在美国的情景下凭想象将这一政策组合的要素结合起来。

于调整援助项目的增多，再次设置这种保护措施的机会减少了。如果改革会使我们回到以关贸总协定为基础的无歧视贸易保护模式，则这对于那些害怕自己成为歧视性自愿出口限制的强制实施目标的国家，其中包括发展中国家，是一项重大收获。[①]

三、认识领域

以上讨论的制度上的改变能够使反对贸易保护主义的政治力量得到加强。因为制度的变化可以将贸易保护的成本纳入制度的进程之中，从而能够更好地平衡各种利益；另外还有助于调整和相应地缓和贸易保护主义者的反应。但是，对最近引起广泛关注的一些问题的思考不足和一些为贸易保护主义力量谋取方便的欠考虑行动带来的威胁，仍需要予以解决。这些问题所引起的巨大的政治和心理影响是不能凭主观愿望就能摆脱的。确切地说，我们应该和能够做的是澄清这些问题，努力去减轻人们的恐惧感，（如果必要的话）提出比目前倡导的那些政策能够给自由贸易制度带来更少伤害的可选择的政策建议。

1. 贸易政策和分配问题：劳工权利等

最近有一种趋势，限制性贸易政策被用作实现其他更为高级的目标的工具，这带来了一个重要问题。一个典型的例子就是苏联在对美国的贸易准入上的最惠国待遇问题与苏联在犹太人移民和总体的人权方面的表现之间建立的联系。我猜想苏联迫切想要加入关贸

[①] 上述对第19条的改革建议完全不同于下述经常被提出的建议：为使带有选择性和歧视性的安全保护措施的强制实施合法化，削弱该条款。我完全同意亨得利（1987）对后一种建议的反驳。它为了明显的监管利益，简单地把自愿出口限制制度化，赋予它合法性以使其永久使用下去。

总协定正是为了最终除去这种联系。关贸总协定的成员国身份可以使苏联在享有最惠国待遇的权利的同时不受政治交易的侵扰。[1] 事实上苏联不必承担相互的市场准入义务，这一益处依然存在。因为，任何外国贸易商都不能在任意给定的关税限制水平下以任何有意义的方式进入苏联市场（或者任何其他中央计划的共产主义国家的市场），也不能在这个市场上销售其愿意销售的商品和自由购买需要的商品。[2] 在一个主要建立在规则基础上的经济体和一个主要建立在数量基础上的经济体之间的贸易中，关贸总协定保护下的市场准入可以约束前者，却不能约束后者。在开始就实行以规则为基础的制度而贸易基本上却不受贸易规则管制的情况下，贸易准入与人权等这类问题的联系很容易被认为是正当的。但是当使用贸易来达到这样的目的会跟维持一个理想的贸易制度相冲突时，我们必须提出这样一个问题：是不是有更好的、成本更低的政策可以达到同样的目的呢？

政治学家大卫·鲍德温（David Baldwin，1986）曾经提醒我们，我们现在的问题不是考虑贸易禁运是否有效，而是要考虑是不是没有更加有效的替代政策工具来取得贸易禁运所要达到的政治目标。我想把这个问题倒过来发表一下我的个人见解：虽然贸易政策可被用来实现某种政治或者社会目标，使用另外一项政策或一套政策并且将贸易政策置于能够确保贸易收益的国际制度之内，对于实现那个目标可能更有效益。用诺贝尔奖获得者简·丁伯根（Jan Tinbergen）的话来说，这就成了一个"政策分配"问题。使用贸易政策来确保贸易收益，用其他政策来实现其他诸如人权这样的目

---

[1]　这并不是说在苏联加入关贸总协定时美国不能调用第 35 条。这使美国可就其对苏联应承担的具体的关贸总协定义务进行协商。有关苏联加入关贸总协定所带来的更多问题的讨论，参见德克森（Dirksen，1987）和肯尼迪（Kennedy，1987）。

[2]　关贸总协定中的其他社会主义成员国唯一承担的双向义务是对于数量的承诺（例如，增加特定百分比的进口）。

标，可能是对此问题的一个不错的回答。

这个问题尤其同一项运动有关。这项运动试图将"国际承认"的劳工权利保障作为关贸总协定体制保证成员国享受最惠国待遇的一项条件。[①] 其中服装和纺织业协会在这项运动中起了推动作用，它们发现最惠国待遇的保护方式存在不足。[②] 为此在"劳工权利"上达成共识的可能性是微乎其微的，发展中国家和许多其他关贸总协定成员国都彻底放弃了在这方面修改关贸总协定的尝试。这些事实表明劳工权利（实际上，以及人权）可以通过其他方式（例如借助于其他的多边渠道，可以使用国际劳工组织的会议和监察程序；或者在其他政策领域借助于双边的引导和惩罚）得到更好的保护。

对于那种用贸易政策来实现各种大大小小的目标，不计成本收益，也不再考虑其他可选政策的诱惑，一定要加以拒绝。而对于那些认为我们很少沉迷于这种诱惑的人，我想请你们注意一下最近摆在美国国会面前的一项综合贸易议案——长达1 000多页，里面装饰着这样愚蠢的例子。

2. "公平"问题

"公平"问题的暗中滋长给自由贸易带来了更为麻烦的威胁。以上我建议的制度上的改变应当有助于遏制这一问题在进口方面所引发的贸易保护主义。然而，也有必要关注和反击对"公平"的关注在出口方面引发的贸易保护主义。在第4章中我讨论了对外国竞争者采用不公平手段的假设是如何导致双边采取挑衅行为，并声称要以此来打开外国市场的。这些行为经常都是蓄意的，然而参与其

---

① 这个主要发生在美国的运动得到了斯堪的纳维亚地区的国家的同情和支持。更多的历史回顾与分析，参见查诺维特（Charnovitz, 1987）和汉森（Hansson, 1987）。
② 汉森（1983）将这些贸易制度中的"社会条款"看作是发达国家为保护劳动密集型产业和其工人工资而设计的政策工具。他探讨了两个问题：一是是否这样的贸易保护就是最终的结果；二是是不是其他贸易政策不会以更低的成本取得同样的结果。

中的公平贸易方经常不自觉地利用了贸易保护主义。他们很难看到
这一点。他们的表现就好像是虽然他们发扬了母性的光辉，却被控
告鼓励乱伦一样。因此，反对以特定国家的特定产业为目标的双边
措施①和更加普遍地以各国为目标的规定，重申以下三条基本依据
是重要的。②

● 在美国采取的双边对抗中，基本上是由美国来决定其他国家
是否不公平地封闭了自己的市场。当这些国家比较弱小时，它们会
让步但会怀恨在心。如果这些国家比较强大，很可能会产生报复和
贸易冲突。强大的欧洲人面对美国的惩罚性关税就曾经以贸易战相
威胁。他们还开始搜集和散布消息，揭露美国的不公平贸易行为。
所有这些促进了贸易保护主义的利益，因为它使各国感觉世界经济
处于不公平贸易之中。如果一国保持自身市场的开放，这就好像是
在其他国家都获得满足的情况下约束自己一样。

● 双边对抗也存在缺陷。在第 4 章中已经强调过，它容易变成
某种形式的贸易保护主义。面对不可拒绝的要求，弱势贸易伙伴很
可能会选择通过简单地把跟其他国家的贸易转移给美国来满足美国
在双边谈判中的要求。这不是市场开放。这实际上是一种通过减少
更有效率但政治影响力比较弱的其他供应商的出口来增加美国出口
的方式。在第 4 章我举了一些美国采取双边面对面的贸易外交所产
生的这种有悖常理的后果的例子。众议院议员理查德·格普哈特
（Richard Gephardt）和参议院议员约翰·丹福思（John Danforth）
以及其他一些人完美无瑕的"贸易扩张"意图所产生的不是有效率
的全球贸易扩张，而是这样的一种世界经济：以政治力量较弱但生
产更有效率的竞争者的利益为代价，政治强国向弱势国家的出口得
到了增加。极有可能产生的结果是自愿进口扩张的繁殖和扩散——

① 此一方法以《美国贸易法》的 301 条款为基础。
② "超级 301"这类条款可以在参议院和众议院悬而未决的贸易法案中找到。

特定国家做出增加对美国进口一定数量商品的歧视性承诺。这种扩张将以进口饱受歧视性自愿出口限制的传播折磨的形象对出口进行重塑。这会是一个巨大的退步。

● 对于"301 条款"和"超级 301"条款在双边产生的贸易保护主义的附带结果，在此我已做了简要的介绍。除此之外，301 类型的贸易实践会以其他方式对经济部门造成困扰。关贸总协定采取的让步和利益的第一差别互惠法，在所有让步的广泛平衡下寻求这种互惠。与这种方法不同，很多批评家注意到在部门间或部门内寻求互惠会产生一些政治上难以接受的要求，从而导致下列风险：贸易对抗退化为惩罚性关税（这会引起报复性关税）。当然，这在很大程度上依赖于在这一游戏中陷入 301 类型问题的政府所使用的外交技巧。但是不可否认，使用这些技巧的过程是很痛苦的，而且玩这种游戏不仅有陷入贸易战的危险，也会不可避免地造成相互敌视和对不公平贸易的相互猜疑（以及对无根据的不公平贸易指控的不公平操纵）。

因此，我一直强烈反对回归到双边"进攻性地打开外国市场"的政策，这种政策建立在夸大的"我比你开放"的假定下，困扰着当今的美国政策制定者。第一时间撤回这些政策，发挥政治才能，致力于自由贸易制度的目标才是最明智的。

3. 来自国外的干预：市场失灵和社会目标

另一广受关注的不公平贸易的方面是一种日益增长的倾向，它反对一切外国干预，认为这会造成对相互竞争的厂商间公平贸易的一种背离。这种提议——体现在东京回合的《补贴与反补贴协议》所采纳的态度和立场中，以及国家实施反补贴税的程序中[①]——无

---

① 芬格和诺格斯（1987）以及纳姆（Nam, 1987）对美国在这一问题上的实践做了补充分析。

疑是错误的。

任何明智的经济学家都会认为，有必要把纠正市场失灵的国家干预和创造市场失灵的干预区分开。前一种干预无疑是必要的。这种干预使得为争夺市场的达尔文式竞争在经济上更有效率，在社会上更加具有生产力。它们应当被鼓励而不是反对或者对抗。因此，那些反映了所有的出口补贴（例如）都应该受到谴责而且一定会破坏公平竞争的观点的国际条例和国家规则都是建立在异乎寻常的谬论之上的。

我也非常希望各国对其他国家的社会目标给予更多的宽容。其他国家的一些社会目标被美国出口游说者认为是不公平的，并且遭到了他们的反对。这导致了贸易干预。例如，加拿大、澳大利亚和其他许多国家采取措施支持它们自己的文学和艺术，这没什么奇怪。即使美国也不愿意把文化事务都诉诸市场，而且它也对其他国家拥有美国媒体的所有权加以限制。但是，在最近美国和加拿大自由贸易区的谈判中，美国新闻界却声嘶力竭地、不加考虑地反对加拿大通过政府干预来增强对本国的文化认同感。这也是两国贸易摩擦的一个主要原因。

4. 高技术和"公平竞争环境"

当我们在几个技术密集型产业背景下考虑部门内的"公平竞争环境"问题时，公平问题是以一种不同和更有说服力的外观出现的。在这些产业中，相对于世界市场的规模来说规模经济很显著。正如以上讨论的那样，在这种情况下，出口补贴和进口保护可以成为外国竞争者进行掠夺性扩张的工具。而这一扩张是以牺牲本国产业为代价的。[1]

---

[1]　正如某些强烈支持这些论点的人所暗示的那样，这并不一定会相应地转化为外国的社会收益和本国的损失。

在这样的情况下，对其他国家给予产业的大力支持、给本国产业造成人为伤害的反对力量就会增强。然而，当外国的干预旨在纠正市场失灵时（例如对幼稚产业的扶植），可以说国家利益和世界利益之间存在广泛的一致性。而当外国的国家干预政策是掠夺性的时候，则不能得出这一结论。[①]

另外，正如我注意到的那样，高科技产业经常被看作对一国经济福利是至关重要的。人们对这一点往往并不是很确定，但是却有着强烈的直觉。因此外国政府为支持高科技产业而采取的任何重大干预都是极具煽动性的。

综合这些经济观点——一种援引规模经济很重要，另一种援引外部性很重要——似乎表明：国际间已达成共识，希望在少数几个这样的产业中达到一种广泛的部门内的人为优势的平衡，这可作为世界贸易制度的有益补充。但是重点不应放在双边协商上（因为强国会吓唬弱国），而是应该放在多边的程序上。这一程序能够公平地决定在所谈论的产业中不同国家的人为支持的广泛平衡。例如，美国国防的大额开销和技术密集性为美国的高科技公司创造了一种重要的优势（必须以此来抵消日本对日本公司的支持）。对于这一问题的争论是不可能在美国和日本的双边对抗中公平解决的。[②] 虽然日本可能更希望在双边框架内解决这些纠纷，但是我相信大多数其他国家还是更愿意使用多边协商和争端解决程序。一些政府倾向于对外国政府进行草率的、经常也是为了自身利益而有选择地指责，而这种多边机制无疑会约束这种行为。

① 严格来说，在某些情况下，世界利益可能同这样的掠夺性行为是一致的。因为在一个寡头垄断的情形下，自由放任的经济政策将只是次优选择。这和传统的竞争模型相反。在传统的竞争模型中，一国设置最优关税，并以这种掠夺式的方式来发挥自身在贸易中的垄断力量，这肯定会使世界经济偏离契约曲线，从而使整个世界的福利减少。

② 类似的观点曾经在其他许多领域出现。例如，政府对大学水平的自然科学教育的资助会影响高科技产业的比较优势，因为它们需要受过科学训练的雇员。所有这些都强调，政策制定者在提出有关"公平竞争环境"的问题时不应受到约束。

四、一点提醒

如果经济学家和政策制定者没有学会如何管理国际宏观经济政策，那么我所确认的新的长期支持贸易的力量和制度变革的作用只能是不完善的。这些制度变革可以控制这些新的支持贸易的力量，并且抑制我所提出的那些贸易保护主义的力量。好的微观经济预示着好的宏观经济。诺贝尔奖获得者詹姆斯·米德（James Meade）关于国际经济政策理论的经典著作分为两卷，第一卷写的是国际收支平衡管理的内容，第二卷（按照恰当的顺序）是关于贸易政策理论的内容。这样划分并不是没有理由的。两次世界大战之间和 20 世纪 70 年代的历史经历强调，如果我们为了获得贸易收益想要在政治上对贸易政策加以管理，那么合理的宏观经济管理是很重要的。

但是这仅强调，目前的形势如何在创造了机会的同时又带来了脆弱性。这要求熟悉经济科学和政治技巧的领导阶层具有高明的技巧，并且目光长远，进行不懈的努力。

在本书快结束的时候，让我重申一下我对世界贸易所持的谨慎乐观态度，贸易保护主义在长期必会受到牵制。这让我重新想起了罗格纳·纳克斯，他对世界贸易前景的悲观预期被 20 世纪 50 年代和 60 年代的经济繁荣证明是错误的。① 我希望未来能够对我的这种乐观主义更为容忍。

---

① 纳克斯在维克塞尔（Wicksell）讲座中表达了他的这种悲观主义——这实际上是在斯德哥尔摩经济学院做的讲座。30 年后我在同样的地方开设我的"俄林系列讲座"。

参考文献

Arrow, Kenneth J. 1962. "The Economic Implications of Learning by Doing." *Review of Economic Studies* 29: 155 – 173.

Axelrod, Robert. 1981. "The Emergence of Cooperation among Egoists." *American Political Science Review* 75: 308 – 318.

Balassa, Bela. 1971. *The Structure of Protection in Developing Countries*. Baltimore: Johns Hopkins University Press.

Balassa, Bela, ed. 1975. *European Economic Integration*. Amsterdam: North-Holland.

Balassa, Bela. 1986. The Importance of Trade for Developing Countries. Paper presented at the World Bank-Thai Development Research Institute Conference on The Role and Interests of Developing Countries in MTN.

Balassa, Bela. 1986. "Japan's Trade Policies." *Weltwirtschaftli-*

ches Archiv 122: 745 – 790.

Baldwin, David. 1986. *Economic Statecraft*. Princeton University Press. Baldwin, Robert. 1982. The Inefficacy of Trade Policy. Princeton University Essays in International Finance, no. 150.

Baldwin, Robert. 1985a. "Inefficacy of Protection in Promoting Social Goals. " *World Economy* 8: 109 – 118.

Baldwin, Robert. 1985b. *The Political Economy of U. S. Import Policy*. Cambridge, Mass. : MIT Press.

Bardhan, Pranab K. 1970. *Economic Growth, Development, and Foreign Trade: A Study in Pure Theory*. New York: Wiley-Interscience.

Basevi, Giorgio. 1970. "Domestic Demand and the Ability to Export. " *Journal of Political Economy* 78: 330 – 340.

Bhagwati, Jagdish. 1968. The Theory and Practice of Commercial Policy. Princeton University Essays in International Finance, no. 8.

Bhagwati, Jagdish. 1971. "The Generalized Theory of Distortions and Welfare. " In J. Bhagwati et al. , eds. , *Trade, Balance of Payments and Growth*. Amsterdam: North – Holland.

Bhagwati, Jagdish. 1978. *Anatomy and Consequence of Exchange Control Regimes*. Cambridge, Mass. : Ballinger.

Bhagwati, Jagdish. I980. "Lobbying and Welfare. " *Journal of Public Economics* 14: 355 – 363.

Bhagwati, Jagdish. 1982a. "Shifting Comparative Advantage, Protectionist Demands, and Policy Response. " In J. Bhagwati, ed. , *Import Competition and Response*. University of Chicago Press.

Bhagwati, Jagdish. 1982b. " Directly-Unproductive, Profit-

Seeking (DUP) Activities. " *Journal of Political Economy* 90:
988 – 1002.

Bhagwati, Jagdish, ed. 1982c. *Import Competition and Response*. University of Chicago Press.

Bhagwati, Jagdish. 1983. " DUP Activities and Rent Seeking. " *Kyklos* 36: 634 – 637.

Bhagwati, Jagdish. 1985a. "Protectionism: Old Wine in New Bottles. " *Journal of Policy Modeling* 7: 23 – 33.

Bhagwati, Jagdish. 1985b. "Export Promotion as a Development Strategy. " In Toshio Shishido and Ryuzo Sato, eds. , *Essays in Honor of Saburo Okita*. Boston: Auburn House.

Bhagwati, Jagdish. 1986a. Investing Abroad. Esmee Fairbairn Lecture, University of Lancaster.

Bhagwati, Jagdish. 1986b. Japan's Trade Problem: A Giant among Lilliputians. Japan-U. S. Center, New York University.

Bhagwati, Jagdish. 1986c. Export-Promoting Trade Strategy: Issues and Evidence. Mimeo, World Bank (VPERS) . Revised version: *World Bank Research Observer* 3 (1988): 27 – 57.

Bhagwati, Jagdish. 1986d. " Export-Promoting Protection: Endogenous Monopoly and Price Disparity. " *Pakistan Development Review*, forthcoming.

Bhagwati, Jagdish. 1986e. A Giant among Lilliputians: Japan's Long-Run Trade Problem. Japan-U. S. Business and Economic Studies, New York University.

Bhagwati, Jagdish. 1987. "VERs, Quid Pro Quo DFI and VIEs: Political-Economy-Theoretic Analyses. " *International Economic Journal* 1: 1 – 12.

Bhagwati, Jagdish, and Elias Dinopoulos. 1986. *Quid Pro Quo* Investment and Market Structure. Paper presented to Western Economic Association Conference.

Bhagwati, Jagdish, and Douglas Irwin. 1987. "The Return of the Reciprocitarians: U. S. Trade Policy Today," *World Economy* 10: 109 – 130.

Bhagwati, Jagdish, and V. K. Ramaswami. 1963. "Domestic Distortions, Tariffs, and the Theory of Optimum Subsidy." *Journal of Political Economy* 71: 44 – 50.

Bhagwati, Jagdish, and T. N. Srinivasan. 1980. "Revenue Seeking: A Generalization of the Theory of Tariffs." *Journal of Political Economy* 88: 1069 – 1087.

Bhagwati, Jagdish, and T. N. Srinivasan. 1983. *Lectures on International Trade*. Cambridge, Mass. : MIT Press.

Bhagwati, Jagdish, Anne Krueger, and Richard Snape. 1987. "Introduction." *World Bank Economic Review* 1: 539 – 548.

Bhagwati, Jagdish, Richard Brecher, Elias Dinopoulos, and T. N. Srinivasan. 1987. "*Quid Pro Quo* Investment and Policy Intervention: A Political-Economy-Theoretic Analysis." *Journal of Development Economics* 27: 127 – 138.

Blomström, Magnus. 1986. *Swedish Multinationals Abroad*. New York: NBER.

Borner, Silvio. 1986. *Internationalization of Industry*. Berlin: Springer-Verlag.

Borner, Silvio, and F. Wehrle. 1984. *Die Sechste Schweitz*. Zurich: Orell Fussli.

Bovard, James. 1987. "U. S. Fair Trade Laws Are Anything But." *Wall Street Journal*, June 3.

Bradford, Sarah. 1984. *Disraeli*. New York: Stein and Day.

Brander, James. 1986. "Rationales for Strategic Trade and Industrial Policy." In Krugman 1986.

Brander, James, and Barbara Spencer. 1981. "Tariffs and the Extraction of Foreign Monopoly Rents under Potential Entry." *Canadian Journal of Economics* 14: 371 – 389. Reprinted in Bhagwati 1987c.

Brecher, Richard, and Jagdish Bhagwati. 1987. "Voluntary Export Restrictions versus Import Restrictions: A Welfare-Theoretic Comparison." In H. Kierzkowski, ed., *Essays in Honor of W. M. Corden*. Oxford: Blackwell.

Buchanan, James. 1980. "Rent Seeking and Profit Seeking." In J. Buchanan et al., eds., *Towards a General Theory of the Rent Seeking Society*. College Station: Texas A&M Press.

Cart, Edward H. 1951. *The New Society*. Boston: Beacon.

Cassing, James, Timothy McKeown, and Jack Ochs. 1986. "The Political Economy of the Tariff Cycle." *American Political Science Review* 80: 843 – 862.

Chaikin, Sol. 1982. "Trade, Investment, and Deindustrialization: Myth and Reality." *Foreign Affairs* 60: 836 – 851.

Charnovitz, Steve. 1987. "International Trade and Worker Rights." *SAIS Review* 7: 185 – 198.

Cheh, John. 1974. "United States Concessions in the Kennedy Round and Short-Run Labor Adjustment Costs." *Journal of International Economics* 4: 323 – 340.

Cho, Yoon Je. 1987. Developing Country Strategy for International Trade in Financial Services—Lessons from the Opening of the Korean Insurance Market. Mimeo, *World Bank. World Bank*

Economic Review，forthcoming.

Cohen，Stephen，and John Zysman. 1987. *Manufacturing Matters：The Myth of the Post-Industrial Economy.* New York：Basic Books.

Colander，David C.，ed. 1984. *Neoclassical Political Economy.* Cambridge，Mass.：Ballinger.

Corden，W. M. 1971. "The Effects of Trade on the Rate of Growth." In J. Bhagwati et al.，eds.，*Trade，Balance of Payments，and Growth.* Amsterdam：North-Holland.

Corden，W. M. 1974. *Trade Policy and Economic Welfare.* Oxford University Press.

Crouzet，Francois. 1982. *The Victorian Economy*，London：Methuen.

Destler，I. M. 1986. *American Trade Politics：System Under Stress.* Washington，D. C.：Institute for International Economics.

Dickey，William L. 1979. "The Pricing of Imports into the United States." *Journal of World Trade Law* 13：238 – 256.

Dinopoulos，Elias. 1987. "*Quid Pro Quo* Foreign Investment and Market Structure." Paper presented at World Bank Conference on Political Economy：Theory and Policy.

Dinopoulos，Elias，and M. Kreinin. 1986. Import Quotas and VERs：A Comparative Analysis in a Three-Country Framework. Mimeo，Michigan State University.

Dirksen，Erik. 1987. "What If the Soviet Union Applies to Join the GATT?" *World Economy* 10：228 – 230.

Dixit，Avinash. 1983. "International Trade Policy for Oligopolistic Industries." *Economic Journal*，supplement，94：1 – 16. Reprinted in Bhagwad 1987c.

Eaton, Jonathan, and Gene Grossman. 1986. "Optimal Trade and Industrial Policy under Oligopoly." *Quarterly Journal of Economics* 101: 383 – 406. Reprinted in Bhagwati 1987c.

Eichengreen, Barry. 1986. The Political Economy of the Smoot-Hawley Tariff. NBER Working Paper no. 2001.

Feenstra, Robert. 1986. "Trade Policy with Several Goods and Market Linkages." *Journal of International Economics* 20: 249 – 267.

Feenstra, Robert, and Jagdish Bhagwati, 1982. "Tariff Seeking and the Efficient Tariff." In J. Bhagwad, ed. , *Import Competition and Response*. University of Chicago Press.

Findlay, Ronald. 1984. "Protection and Growth in a Dual Economy." In Mark Gersowitz et al. , eds. , *The Theory and Experience of Economic Development*. Londpn: Allen and Unwin.

Finger, J. M. 1979. "Trade Liberalization: A Public Choice Perspective." In R. C. Amacher, G. Haberler, and T. D. Willett, eds. , *Challenges to a Liberal International Economic Order*. Washington, D. C. : American Enterprise Institute.

Finger, J. M. 1982. "Incorporating the Gains from Trade into Policy." *World Economy* 5: 367 – 377.

Finger, J. M. , andJ. Nogues. 1987. "International Control of Subsidies and Countervailing Duties." *World Bank Economic Review* 1: 707 – 726.

Finger, J. M. , H. Keith Hall, and Douglas R. Nelson. 1982. "The Political Economy of Administered Protection." *American Economic Review* 72: 452 – 466.

Folsom, Michael, and Steven Lubar, eds. 1980. *The Philosophy of Manufactures: Early Debates Over Industrialization in the United States.* Cambridge, Mass. : MIT Press.

Friedman, Milton, and Anna Schwartz. 1963. *A Monetary History of the United States, 1867—1960.* Princeton University Press.

Gash, Norman. 1972. Sir *Robert Peel.* London: Longman.

Goldstein, Judith. 1986. "The Political Economy of Trade: Institutions of Protection. " *American Political Science Review* 80: 161 - 184.

Goldstein, Judith, and Stephen Krasner. 1984. " Unfair Trade Practices: The Case for a Differential Response. " *American Economic Review* 74: 282 - 287.

Graaff, J. de V. 1949 - 1950. "On Optimum Tariff Structures. " *Review of Economic Studies* 17: 47 - 59.

Grossman, Gene M. 1986. "Strategic Export Promotion: A Critique. " In Krugman 1986.

Hall, H. Keith, and Douglas Nelson. 1987. Institutional Structure in the Political Economy of Protection: Legislative vs. Administrative Protection. Mirneo.

Hansson, Göte. 1983. *Social Clauses and International Trade.* New York: St. Martin's.

Helleiner, G. K. 1977. "Transnational Enterprises and the New Political Economy of United States Trade Policy. " *Oxford Economic Papers* 29: 102 - 116.

Hindley, Brian. 1987. "GATT Safeguards and Voluntary Export Restraints: What Are the Interests of Developing Countries?" *World Bank Economic Review* 1: 689 - 706.

Hirschman, Albert. 1958. *The Strategy of Economic Development.* New Haven: Yale University Press.

Hobson, J. A. 1919. *Richard Cobden—The International Man*. New York: Holt.

Holzman, Franklyn. 1983. " Dumping in the Centrally Planned Economies: The Polish Golf Cart Case 133. " In Padma Desai, ed., *Marxism, Central Planning, and the Soviet Economy*. Cambridge, Mass.: MIT Press.

Hufbauer, Gary, and Howard Rosen. 1986. *Trade Policy for Troubled Industries*. Washington, D. C.: Institute for International Economics.

Hufbauer, G., and J. Schott. 1985. *Trading for Growth*. Washington, D. C.: Institute for International Economics.

Hughes, Gordon, and David Newberry. 1986. " Protection and Developing Countries' Exports of Manufactures. " *Economic Policy* 2: 409 - 440.

Hughes, Helen, and Anne Krueger. 1984. "Effects of Protection in Developed Countries on Developing Countries. " In Robert Baldwin and Anne Krueger, eds., *The Structure and Evolution of Recent U. S. Trade Policy*. University of Chicago Press.

International Monetary Fund. 1982. *Supplement on Trade Statistics*. Washington, D. C.

International Monetary Fund. 1985. *International Financial Statistics*. Washington, D. C.

International Monetary Fund. 1987. *International Financial Statistics*. Washington, D. C.

Irwin, Douglas. 1987. Welfare Effects of British Free Trade: Debate and Evidence from the 1840s. Presented to Mid-West International Economics Meetings. Ann Arbor.

Isaacs, Asher. 1948. *International Trade Tariff and Com-*

mercial Policies. Chicago: Irwin.

Jackson, John. 1969. *World Trade and the Law of GATT*. Charlottesville: Michie.

Johnson, Harry. 1953. "Optimum Tariffs and Retaliation." *Review of Economic Studies* 21: 142 - 153.

Johnson, Harry. 1955. "Economic Expansion and International Trade." *Manchester School of Economics and Social Science* 23: 95 - 112.

Johnson, Harry. 1965. "Optimal Trade Intervention in the Presence of Domestic Distortions." In R. Caves et al., eds., *Trade, Growth, and the Balance of Payments*. New York: Rand McNally.

Jones, Ronald. 1967. "International Capital Movements and the Theory of Tariffs and Trade." *Quarterly Journal of Economics* 81: 1 - 38.

Kaldor, Nicholas. 1966. *The Causes of the Slow Economic Growth of the United Kingdom*. Cambridge University Press.

Kemp, Murray C. 1966. "The Gain from International Trade and Investment: A Neo-Heckscher-Ohlin Approach." *American Economic Review* 61: 788 - 809.

Kennedy, Kevin C. 1987. "The Accession of the Soviet Union to GATT." *Journal of World Trade Law* 21: 23 - 39.

Keohane, Robert O., 1980. "The Theory of Hegemonic Stability and Changes in International Economic Regimes, 1967—1977." In Ole Holsti, Randolph M. Siverson, and Alexander L. George, eds., *Changes in the International System*. Boulder: Westwood.

Keynes, J. M., ed. 1926. *Official Papers of Alfred Marsh-*

all. London: Macmillan.

eynes, J. M. 1936. *The General Theory of Interest*, *Employment and Money*. London: Macmillan.

Keynes, J. M. 1974. "The International Control of Raw Materials. " *Journal of International Economics* 4: 299 - 316.

Kindleberger, Charles P. 1981. "Dominance and Leadership in the International Economy: Exploitation, Public Goods and Free Riders. " *International Studies Quarterly* 25: 242 - 254.

Kindleberger, Charles P. 1982—83. "Cycles in Protection and Free Trade. " *Le Temps Strategique* 3: 95 - 100.

Kindleberger, Charles P. 1986. *The World in Depression: 1929—1939*.

Revised edition. Berkeley: University of California Press.

Krasner, Stephen. 1976. "State Power and the Structure of International Trade. " *World Politics* 28: 317 - 347.

Krueger, Anne. 1974, "The Political Economy of the Rent-Seeking Society. " *American Economic Review* 64: 291 - 303.

Krueger, Anne. 1978. *Foreign Trade Regimes and Economic Development: Liberalization Attempts and Consequences*. Cambridge, Mass. : Ballinger.

Krugman, Paul R. 1984. "Import Protection as Export Promotion. " In H. Kierzkowski, ed. , *Monopolistic Competition and International Trade*. Oxford University Press.

Krugman, Paul R. , ed. 1986. *Strategic Trade Policy and the New International Economics*. Cambridge, Mass. : MIT Press.

Laird, Sam, and J. Michael Finger. 1986. Protection in Developed and Developing Countries: An Overview. Mimeo, World Bank, Washington, D. C.

Lavergne, Real. 1983. *The Political Economy of U. S. Tariffs: An Empirical Investigation.* New York: Academic.

Lawrence, Robert Z. 1987. "Imports in Japan: Closed Minds or Markets?" *Brookings Papers on Economic Activity* 2: 517 - 554.

Lawrence, Robert Z., and Robert Litan. 1986. *Saving Free Trade: A Pragmatic Approach.* Washington, D. C.: Brookings Institution.

Liepmann, H. 1938. *Tariff Levels and the Economic Unity of Europe.* New York: Macmillan.

Linder, Staffan Burenstam. 1961. *An Essay on Trade and Transformation.* New York: Wiley.

Linder, Staffan Burenstam. 1986. *The Pacific Century.* Stanford University Press.

Lipsey, Robert E., and Irving B. Kravis. 1986. The Competitiveness and Comparative Advantage of U. S. Multinationals, 1957—1983. NBER Working Paper no. 2051.

Little, Ian, Tibor Scitovsky, and Maurice Scott. 1970. *Industry and Trade in Some Developing Countries.* London: Oxford University Press.

McArthur, John, and Stephen Marks. 1988. "Constituent Interest vs. Legislator Ideology: The Role of Opportunity Cost." *Economic Inquiry*, forthcoming.

McCloskey, Donald N. 1980. "Magnanimous Albion: Free Trade and British National Income, 1841—1881." *Explorations in Economic History* 17: 303 - 320.

MacIntyre, Alasdair. 1985. *A Short History of Ethics.* New York: Macmillan.

McMillan, John. 1986. *Game Theory in International Econom-*

ics. New York: Harwood.

Magee, Stephen. 1980. "Three Simple Tests of the Stolper-Samuelson Theorem." In P. Oppenheimer, ed., *Issues in International Economics.* London: Oriel.

Mann, Catherine. 1987. "Protection and Retaliation: Changing the Rules of the Game." *Brookings Papers on Economic Activity* 1: 311 - 348.

Mayer, Wolfgang. 1984. "The Infant-Export Industry Argument." *Canadian Journal of Economics* 17: 249 - 269.

Meade, James. 1951. *Trade and Welfare: The Theory of International Economic Policy,* vol. 2. London: Oxford University Press.

Messerlin, Patrick A. 1987. The Long Term Evolution of the EC Antidumping Law: Some Lessons for the New AD Laws in LDCs. Mimeo, World Bank.

Michaely, Michael. 1977. "Exports and Growth: An Empirical Investigation." *Journal of Development Economics* 4: 49 - 53.

Miller, Michael. 1985. "Big U. S. Semiconductor Makers Expected to Sue over 'Dumping' of Japanese Chips." *Wall Street Journal,* October 1.

Nam, Chong-Hyun. 1987. "Export-Promoting Subsidies, Countervailing Threats, and the General Agreement on Tariffs and Trade." *World Bank Economic Review* 1: 727 - 744.

Nelson, Douglas. 1987. The Domestic Political Preconditions of U. S. Trade Policy: Liberal Structure and Protectionist Dynamics. Paper presented at Conference on Political Economy of Trade: Theory and Policy, World Bank, Washington, D. C.

Noland, Marcus. 1987. An Econometric Model of the Volume of

International Trade. Mimeo，Institute for International Economics.

Norall，Christopher. 1986. "New Trends in Anti-Dumping Practice in Brussels." *World Economy* 9：97 – 110.

Nurkse，Ragnar. 1959. *Patterns of Trade and Development*. Stockholm：Almquist and Wicksell.

Ohlin，Bertil. 1933. *Interregional and International Trade*. Cambridge，Mass.：Harvard University Press.

Olson，Mancur. 1965. *The Logic of Collective Action：Public Goods and the Theory of Groups*. Cambridge，Mass.：Harvard University Press.

Packenham，Robert A. 1973. *Liberal America and the Third World：Political Development Ideas in Foreign Aid and Social Science*. Princeton University Press.

Pareto，Vilfredo. 1927. *Manual of Political Economy*. New York：A. M. Kelley.

Parker，Charles S.，ed. 1899. *Sir Robert Peel from His Private Papers*，vol. 3. London：John Murray.

Pastor，Robert. 1983. "The Cry-and-Sigh Syndrome：Congress and Trade Policy." In A. Schick，ed.，*Making Economic Policy in Congress*. Washington，D. C.：American Enterprise Institute.

Pattanaik，Prasanta. 1974. "Trade，Distribution，and Savings." *Journal of International Economics* 4：77 – 82.

Pomfret，R. 1975. "Some Interrelationships between Import Substitution and Export Promotion in a Small Open Economy." *Weltwirtschaftliches Archiv* 111：714 – 727.

Prebisch，Raul. 1952. Problemas Teoricos y Practicos del Crecimiento Economico. United Nations Economic Commission for

Latin America.

Robinson, Joan. 1947. *Essays in the Theory of Employment*. Oxford: Blackwell.

Rodriguez, Carlos Alfredo. 1974. "The Non-equivalence of Tariffs and Quotas under Retaliation." *Journal of International Economics* 4: 295 – 298.

Rodrik, Dani. 1987. Import Competition and Trade Policy in Developing Countries. Mimeo, John F. Kennedy School of Government, Harvard University.

Rosenstein-Rodan, Paul N. R. 1943. "Problems of the Industrialization of Eastern and South-Eastern Europe." *Economic Journal* 53: 202 – 211.

Ruggie, John. 1982. "International Regimes, Transactions, and Change: Embedded Liberalism in the Postwar Economic Order." *International Organization* 36: 379 – 415.

Sathirathai, Surakiart, and Ammar Siamwalla. 1987. "GATT Law, Agricultural Trade, and Developing Countries: Lessons from Two Case Studies." *World Bank Economic Review* 1: 595 – 618.

Saul, S. B. 1965. "The Export Economy: 1870 — 1914." *Yorkshire Bulletin of Economic and Social Research* 17: 5 – 18.

Saxonhouse, Gary. 1983. "The Micro-and Macroeconomics of Foreign Sales to Japan." In William R. Cline, ed. , *Trade Policy for the 1980s*. Cambridge, Mass. : MIT Press.

Schattschneider, E. E. 1935. *Politics, Pressures, and the Tariff*. New York: Prentice-Hall.

Scitovsky, T. 1941. "A Reconsideration of the Theory of Tariffs." *Review of Economic Studies* 9: 89 – 110.

Seabury, Paul. 1983. "Industrial Policy and National Defense."

Journal of Contemporary Studies 6: 5 - 15.

Servan-Schreiber, Jean-acques. 1968. *The American Challenge*. New York: Atheneum.

Smith, Adam. 1776. *The Wealth of Nations*. Cannan edition. New York: Modern Library, 1937.

Snape, Richard H. 1987. Bilateral-Multilateral Tension in Trade Policy. Paper presented at Western Economic Association Meetings, Vancouver.

Solow, Robert. 1956. "A Contribution to the Theory of Economic Growth." *Quarterly Journal of Economics* 70: 65 - 94.

Spencer, Barbara J. 1986. "What Should Trade Policy Target?" In Krugman 1986.

Swedenborg, Birgitta. 1982. *Svensk industri utlandet: En analys ar drivkrafter och effekter*. Stockholm: Industrieris Utrednignsinstitut.

Tackacs, Wendy. 1981. "Pressures for Protectionism: An Empirical Analysis." *Economic Inquiry* 19: 687 - 693.

Tarr, David, and Morris Morkre. 1984. *Aggregate Costs to the United States of Tariffs and Quotas on Imports: General Tariff Cuts and Removal of Quotas on Automobiles, Steel, Sugar, and Textiles*. Washington, D. C. : Bureau of Economics, Federal Trade Commission.

Temin, Peter. 1976. *Did Monetary Forces Cause the Great Depression?* New York: Norton.

Tullock, Gordon C. 1967. "The Welfare Costs of Tariffs, Monopolies, and Theft." *Western Economic Journal* 5: 224 - 232.

Tumlir, Jan. 1985. *Protectionism: Trade Policy in Democratic Societies*. Washington, D. C. : American Enterprise Institute.

UNCTAD. 1983. *Handbook of International Trade and Development Statistics*. Geneva.

UNCTAD. 1984. *Handbook of International Trade and Development Statistics*. Geneva.

UNCTAD. 1987. *Handbook of International Trade and Development Statistics*. Geneva.

White, Theodore. 1985. "The Danger from Japan." *New York Times Magazine*, July 28.

Willett, Thomas. 1984. "International Trade and Protectionism." *Contemporary Policy Issues* 4: 1-5.

Wolff, Alan. 1983. "Need for New GATT Rules to Govern Safeguard Actions." In William Cline, ed., *Trade Policy for the 1980s*. Cambridge, Mass.: MIT Press.

Wong, Kar-yiu. 1987. Optimal Threat of Trade Restriction and *Quid Pro Quo* Foreign Investment. Presented at 'World Bank Conference on Political Economy: Theory and Policy.

World Bank. 1987. *World Development Report*. New York: Oxford University Press.

中英文人名对照 *

Acheson	艾奇逊
Adam Smith	亚当·斯密
Albert Hirschman	阿尔伯特·赫希曼
Alfred Marshall	阿尔弗雷德·马歇尔
Antony Venables	安东尼·威纳伯
Arrow	阿罗
Arthur Bowley	阿瑟·鲍利
Arthur Lehman	阿瑟·雷曼
Avinash Dixit	阿维纳什·迪克西特
Axelrod	阿克塞尔罗德
Balassa	巴拉萨

---

* 李金武、顾晓波、胡安荣、冯丽君、李一凡、李军、马二排整理了书中文献。

Baldwin	鲍德温
Barbara Spencer	巴巴拉·斯宾塞
Bardhan	巴德汉
Basevi	巴斯维
Beatrice Vaccara	毕崔斯·瓦卡罗
Bela Balassa	贝拉·巴拉萨
Bertil Ohlin	伯蒂尔·俄林
Bertrand	贝特朗
Bhagwati	巴格沃蒂
Bovard	波瓦德
Brander	布兰德
Brecher	布雷彻
Cassing	凯森
Charnovitz	查诺维特
Cohen	科恩
Colander	科兰德
Corden	科登
Crouzet	克鲁泽
David Baldwin	大卫·鲍德温
David Ricardo	大卫·李嘉图
Destler	德斯勒
Dickey	迪基
Dinopoulos	迪诺普洛斯
Dirksen	德克森
Disraeli	迪斯雷利
Dixit	迪克西特
Douglas Nelson	道格拉斯·纳尔逊
Eaton	伊顿

Edward Carr	爱德华·卡尔
Edwin Canan	埃德温·坎南
Eli F. Heckscher	伊·菲·赫克歇尔
Eli Heckscher	伊·（菲·）赫克歇尔
Eichengreen	艾肯格林
Feenstra	芬丝彻
Findlay	芬德雷
Finger	芬格
Folsom	弗尔瑟姆
Francis Edgeworth	弗朗西斯·埃奇沃斯
Fred Smith	弗莱德·史密斯
Friedman	弗里德曼
Gash	卡修
Gene Grossman	吉恩·格罗斯曼
George Kennan	乔治·肯南
George Stigler	乔治·斯蒂格勒
Georgio Basevi	乔治·巴斯维
Gephardt	格普哈特
Goldstein	戈德斯坦
Göran Ohlin	耶兰·俄林
Gottfried Haberler	戈特弗里德·哈伯勒
Graaff	格拉夫
Grossman	格罗斯曼
Hall	霍尔
Hansson	汉森
Harry Johnson	哈里·约翰逊
Hawley	霍利
Helleiner	赫莱纳

Hindley	亨得利
Hobson	霍布森
Holzman	霍斯曼
Hufbauer	胡弗博
Hughes	休斯
Irwin	欧文
Isaacs	艾萨克斯
Jack Kemp	杰克·肯普
Jackson	杰克逊
Jagdish Bhagwati	贾格迪什·巴格沃蒂
James Brander	詹姆斯·布兰德
James Buchanan	詹姆斯·布坎南
James Callaghan	詹姆斯·卡拉汉
James Markusen	詹姆斯·马库森
James Meade	詹姆斯·米德
Jan Tinbergen	简·丁伯根
Jan Tumlir	让·图姆利尔
John Danforth	约翰·丹福思
John Kenneth Galbraith	约翰·肯尼思·加尔布雷思
John Maynard Keynes	约翰·梅纳德·凯恩斯
Johnson	约翰逊
John Stuart Mill	约翰·斯图亚特·穆勒
Jonathan Eaton	乔纳森·伊顿
Jones	琼斯
Kaldor	卡尔多
Karl Marx	卡尔·马克思
Kemp	肯普
Kennedy	肯尼迪

Keohane	基欧汉
Keynes	凯恩斯
Kindleberger	金德尔伯格
Knut Wicksell	克努特·维克塞尔
Krasner	克拉斯纳
Kravis	克拉维斯
Kreinin	克雷因
Krueger	克鲁格
Krugman	克鲁格曼
Laird	莱尔德
Lavergne	拉维格
Lawrence	劳伦斯
Liepmann	利普曼
Linder	林德
Lipsey	利普西
Litan	利坦
Little	利特尔
Lubar	卢巴
MacIntyre	麦金太尔
Magee	麦吉
Mancur Olson	曼瑟尔·奥尔森
Mann	曼恩
Marks	马克斯
Martin Wolf	马丁·沃尔夫
Max Corden	马克斯·科登
Mayer	梅尔
McArthur	麦克阿瑟
McCloskey	麦克洛斯基

McMillan	麦克米兰
Meade	米德
Michaely	迈克利
Miller	米勒
Milton Friedman	米尔顿·弗里德曼
Morkre	莫克瑞
Nam	纳姆
Nelson	纳尔逊
Newberry	纽伯瑞
Nicolas Kaldor	尼古拉斯·卡尔多
Nogues	诺格斯
Noland	诺兰德
Norall	诺罗
Oscar Wilde	奥斯卡·王尔德
Packenham	帕肯罕
Parker	帕克
Pastor	帕斯特
Patrick Messerlin	帕特里克·麦瑟林
Pattanaik	帕坦尼克
Paul A. Samuelson	保罗·A·萨缪尔森
Paul Freedenberg	保罗·弗里登伯格
Paul Krugman	保罗·克鲁格曼
Paul Rosenstein-Rodan	保罗·罗森斯坦·罗丹
Peter M. Gianotti	彼得·M·吉亚诺蒂
Peter Passell	彼得·帕塞尔
Phil Gramm	菲尔·格莱姆
Plato	柏拉图
Pomfret	庞弗雷特

Ragnar Nurkse	罗格纳·纳克斯
Ramaswami	拉马斯瓦米
Raul Prebisch	劳尔·普雷维什
Reed Smoot	里德·斯穆特
Richard Cobden	理查德·科布登
Richard Cooper	理查德·库珀
Richard Gephardt	理查德·格普哈特
Robert Baldwin	罗伯特·鲍德温
Robert Peel	罗伯特·皮尔
Rodriguez	罗德里格斯
Rodrik	罗德里克
Rosen	罗森
Roy Harrod	罗伊·哈罗德
Ruggie	鲁杰
Sarah Bradford	莎拉·布拉德福
Sathirathai	沙提拉泰
Saxonhouse	萨克森豪斯
Saul	索尔
Schattschneider	沙奇奈德尔
Schott	肖特
Schwartz	施瓦兹
Scitovsky	薛托夫斯基
Servan-Schreiber	塞尔旺-施赖贝尔
Siamwalla	暹瓦拉
Smoot	斯穆特
Snape	斯内普
Solow	索罗
Spencer	斯宾塞

Srinivasan	斯里尼瓦森
Staffan Burenstam Linder	斯达芬·伯伦斯坦·林德
Swedenborg	斯维登堡
Tackacs	塔卡什
Tarr	塔尔
Temin	泰明
Theodore White	西奥多·怀特
Thomas Balogh	托马斯·巴洛夫
Thomas Carlyle	托马斯·卡莱尔
T. N. Srinivasan	斯里尼瓦森
Tullock	塔洛克
Tumlir	图姆利尔
Wicksell	维克塞尔
Vilfredo Pareto	维尔弗雷多·帕累托
Walter Lippmann	沃尔特·李普曼
Walter Mondale	沃尔特·蒙代尔
Wehrle	维尔勒
Wicksell	维克塞尔
Willett	威利特
William Brock	威廉·布洛克
William Gladstone	威廉·格拉德斯通
Willis Hawley	威利斯·霍利
Wolff	沃尔夫
Wong	黄
Zysman	佐兹曼

Protectionism by Jagdish Bhagwati

ISBN: 0-262-52150-4

图书在版编目（CIP）数据

贸易保护主义/巴格沃蒂著；王世华等译.
北京：中国人民大学出版社，2010
（当代世界学术名著）
ISBN 978-7-300-12051-5

Ⅰ. ①贸…
Ⅱ. ①巴…②王…
Ⅲ. ①保护贸易—研究
Ⅳ. ①F741.2

中国版本图书馆 CIP 数据核字（2009）第 074116 号

当代世界学术名著
贸易保护主义
贾格迪什·巴格沃蒂　著

王世华　常　蕊　郑葵方　译
Maoyi Baohu Zhuyi

出版发行	中国人民大学出版社	
社　　址	北京中关村大街 31 号	**邮政编码**　100080
电　　话	010 - 62511242（总编室）　010 - 62511239（出版部）	
	010 - 82501766（邮购部）　010 - 62514148（门市部）	
	010 - 62515195（发行公司）010 - 62515275（盗版举报）	
网　　址	http://www.crup.com.cn	
	http://www.ttrnet.com（人大教研网）	
经　　销	新华书店	
印　　刷	北京联兴盛业印刷股份有限公司	
规　　格	155mm×235mm　16 开本	**版　次**　2010 年 5 月第 1 版
印　　张	9 插页 2	**印　次**　2016 年 6 月第 2 次印刷
字　　数	114 000	**定　价**　29.00 元